依法行政百问百答

傅思明◎主编

中共中央党校出版社
The Central Party School Publishing House

图书在版编目（CIP）数据

依法行政百问百答/傅思明主编．—北京：中共中央党校出版社，2012.4（2013.6 重印）

ISBN 978-7-5035-4715-7

Ⅰ．依…　Ⅱ．傅…　Ⅲ．行政执法-中国-问题解答　Ⅳ．D922.115

中国版本图书馆 CIP 数据核字（2012）第 033992 号

依法行政百问百答

责任编辑　楚双志
版式设计　李　灵
责任校对　马　晶
责任印制　王洪霞

出版发行　中共中央党校出版社
（北京市海淀区大有庄 100 号）
邮　　编　100091
网　　址　www.dxcbs.net
电　　话　（010）62805800（办公室）　（010）62805818（发行部）
经　　销　新华书店
印　　刷　北京四季青印刷厂
字　　数　194 千字
版　　次　2012 年 4 月第 1 版　　2013 年 6 月第 2 次印刷
开　　本　700 毫米×1000 毫米　1/16
印　　张　11.875
定　　价　25.00 元

前言

自2004年国务院发布《全面推进依法行政实施纲要》以来，我国依法行政工作取得了非常大的成绩。党的十七大以来，中央反复强调，要推进依法行政，深入开展法制宣传教育和弘扬法治精神。国务院于2008年、2010年先后发布《国务院关于加强市县政府依法行政的决定》、《国务院关于加强法治政府建设的意见》，进一步强调要深入贯彻落实依法治国基本方略，全面推进依法行政，进一步加强法治政府建设。2010年3月，国务院总理温家宝在《政府工作报告》中又明确提出，要“自觉遵守宪法和法律，严格依法行政。切实改进行政执法工作，努力做到规范执法、公正执法、文明执法”。

依法行政要解决的核心问题是权力规制与权利保障及其相互关系。权力是权利在纵向上的延伸，国家权力的根源在于公民的权利。行政职责本位论应当是依法行政的基本理论之一。职责是一种公共义务，为人民服务是公务员的本分和责任，职权是为此而服务的，在国家公务员身上，职责是本位。为了规范国家的公权力，我国已经建立起了较为完备的行政法体系，先后制定颁布了《中华人民共和国行政许可法》、《中华人民共和国行政处罚法》、《中华人民共和国行政复议法》、《中华人民共和国行政诉讼法》、《中华人民共和国国家赔偿法》、《中华人民共和国行政强制法》，同时，政府立法也取得了很大的成绩，立法质量不断提高。接下来最根本的问题，就是如何在行政执法实践中去落实这些法律法规。

为了更好地服务经济、文化与社会建设，深入推进依法行政工作，弘扬社会主义法治精神，树立社会主义法治理念，加强对党政领导干部和公务人员的法制宣传教育，我们根据依法行政普法工作的重点与实际需要编写了本书。

本书认真总结和吸收了我国多年来依法行政的研究成果，结合最新修订的一些行政法律法规条文，以问答的形式来阐述依法行政的主要内容，并以案说法，把法律条文和社会管理工作中鲜活的案例相结合，以深入浅出的方式和浅显易懂的语言介绍依法行政的基本原理和基本知识，生动活泼，具有较强的针对性、系统性、务实性和可操作性，便于广大领导干部和公务人员学习和理解。

本书由傅思明教授主编，撰稿人有傅思明、李文鹏、郑捷、罗淦、钱刚、贾亮。普法工作是一项长期的工程，而本书篇幅有限，内容只能局限于当前依法行政工作的重点、难点，不足之处在所难免，竭诚欢迎各位读者提出宝贵意见，以利今后再版时对本书加以修改完善。

编者

2012 年 3 月

目　录

第一章　依法行政基本原理

1. 什么是依法行政

依法行政，是指行政机关根据法律、法规的规定行使行政权力，并对行政行为的后果承担相应的责任。依法行政原则是社会发展到一定阶段的产物，是法治原则对行政活动的具体要求。依法行政是依法治国的核心和关键。行政是国家行使权力的重要方式，是国家对社会进行管理的基本途径。

依法行政必须符合以下三个条件：行政主体合法，行政权的取得和行使合法，行政权的行使要做到权责统一。第一，行政主体合法。行政主体必须依法设立并具备相应的资格和条件。如果进行行政活动的主体不是依法成立的或者不具备行政主体资格，其行为不具有法律效力。第二，行政权的取得和行使合法。行政主体的权利不是本身所固有的，而是通过制定法律的形式所赋予的，因此行政权的取得必须要有法律依据，行政权的行使必须符合法律规定。第三，行政权的行使要做到权责统一。行政权的行使要做到权责统一，即是要求行政主体依法享有的权力与依法应当承担的责任相当，不应有无责任的权力，也不应有无权力的责任，做到执法有保障、有权必有责、用权受监督、违法受追究、侵权须赔偿。

2. 依法行政应依据什么法

依法行政应依“法”行政。但现实中，对“法”往往有不同的理解。要准确理解和把握依法行政，必须全面理解依法行政所依之“法”的含义。

从形式上讲，依法行政所依之法应当包括宪法、法律、法规、规章等。根据《中华人民共和国立法法》（以下简称《立法法》）的相关规定，宪法具有最高的法律效力；法律的效力高于行政法规、地方性法规、规章；行政法规的效力高于地方性法规、规章；地方性法规的效力高于本级和下级地方政府规章；省、自治区的人民政府制定的规章的效力高于本行政区域内的较大的市的人民政府制定的规章。

从法的要素方面讲，依法行政所依之法，不仅应包括法律规则本身，还应包括法律原则、法律目的和法律精神。法律规则是具体规定人们行为、权利义务的行为准则，它具有典型的法律适用性。法律原则虽然不像法律规则那样规定确定的事实状态、行为模式以及相应的法律后果，但它同样具有可适用性，在创制、理解和适用法律规范的过程中不可缺少。它不仅可以指引人们如何正确地适用法律规则，而且在缺乏相应法律规则或者法律规则本身存在漏洞时，可以替代规则或者填补立法漏洞而被直接适用。除此之外，依法行政还应当注意法律规则背后所隐含的法律精神、法律价值。

3. 依法行政的基本要求是什么

国务院《全面推进依法行政实施纲要》（以下简称《依法行政实施纲要》）对依法行政提出了六项基本要求：合法行政、合理行政、程序正当、高效便民、诚实守信、权责统一。这些要求实际上就是依法行政的基本准则，是衡量依法行政的标准，包含了现代法治的基本精神，体现了依法行政重在治权、治官的基本价值取向。

（1）合法行政的基本要求。《依法行政实施纲要》明确规定行政机关在实施行政管理时，必须遵守合法行政准则。合法行政既可以防止行政权力的滥用，保障行政相对人的合法权益不受非法侵害，又可以确保行政机关及时、正确地行使职权，保障行政权的有效运作。

（2）合理行政的基本要求。合理行政是对合法行政的有益补充，是对行政自由裁量权的约束和规范。它不仅要求行政机关应当按照法律、法规规定的条件、种类和幅度范围实施行政管理，而且要求行政机关的行为符合法律的意图或者精神，符合公平正义等法律价值，要求在合法行政的前提下做到合理行政。相对合法行政而言，合理行政是对行政机关实施行政管理提出的更高要求。第一，行政机关实施行政管理应当遵循公平、公正原则。第二，行政机关行使自由裁量权应当符合法律目的，即合目的性。第三，行政机关行使自由裁量权采取的措施和手段应当必要、适当，即适当性。第四，行政机关实施行政管理可以采用多种方式实现行政目的的，应当避免采用损害当事人权益的方式，即最小损害性。

（3）程序正当的基本要求。《依法行政实施纲要》将程序正当原则明确规定为行政机关及其工作人员在实施行政管理时应当遵守的准则，一方面可以保证行政行为的科学性、合理性，更容易取得行政相对人对行政行为的理解、认同和配合，从而提高行政效率、节约行政成本，顺利实现行政目的；另一方面可以提高行政管理的透明度，加强对行政机关及其工作人员的监督，防止暗箱操作，减少职务腐败，树立廉洁高效的政府形象。第一，行政机关实施行政管理，除涉及国家秘密、依法受保护的商业秘密和个人隐私外，应当将行政程序公开。第二，行政机关实施行政管理，要严格遵守法定程序，为行政相对人、利害关系人参与行政管理创造条件，确保其知情权、参与权、救济权的实现。

(4) 高效便民的基本要求。高效便民，是指行政机关能够依法高效率、高效益地行使职权，最大程度地方便人民群众。效率针对行政管理的过程，是对办事速度方面的要求；效益则针对行政管理结果，要求以较少的行政资源投入实现行政管理目的，并且取得好的效果。高效作为衡量行政机关工作质量的重要标准，是决定行政机关能否真正落实服务于民宗旨的重要环节。只有高效行政，才能真正做到便民、利民、为民。

(5) 诚实守信的基本要求。诚实守信，是指行政机关必须对自己的“言”和“行”负责，“言必信，行必果”。第一，行政机关公布的信息应当全面、准确、真实。第二，行政机关制定的法规、规章、政策应当保持相对稳定，不能朝令夕改。第三，严格执行法律、法规、规章及有关政策。

(6) 权责统一的基本要求。权责统一，是指行政机关依法享有的权力与依法应当承担的责任相当，不应有无责任的权力，也不应有无权力的责任，做到执法有保障、有权必有责、用权受监督、违法受追究、侵权须赔偿。第一，法律、法规对行政机关的授权一定要适当。第二，法律、法规在授予行政机关权力的同时，要明确规定其应当承担的责任以及行使权力的条件和程序。第三，加强对行政机关行使权力的监督，确保违法受追究。

4. 依法行政的目标是什么

《依法行政实施纲要》将我国依法行政的目标确定为建设法治政府，明确提出：全面推进依法行政，经过10年左右坚持不懈的努力，基本实现建设法治政府的目标。

(1) 政企分开、政事分开，政府与市场、政府与社会的关系基本理顺，政府的经济调节、市场监管、社会管理和公共服务职能基本到位；中央政府和地方政府之间、政府各部门之间的职能和权限比较明确；行为规范、运转协调、公正透明、廉洁高效的行政管理体制基本形成；权责明确、行为规范、监督有效、保障有力的行政执法体制基本建立。

(2) 提出法律议案、地方性法规草案，制定行政法规、规章、规范性文件等，符合宪法和法律规定的权限和程序，充分反映客观规律和最广大人民的根本利益，为社会主义物质文明、政治文明和精神文明协调发展提供制度保障。

(3) 法律、法规、规章得到全面、正确实施，法制统一，政令畅通，公民、法人和其他组织合法的权利和利益得到切实保护，违法行为得到及时纠正、制裁，经济社会秩序得到有效维护。政府应对突发事件和风险的能力明显增强。

(4) 科学化、民主化、规范化的行政决策机制和制度基本形成，人民群众的要求、意愿得到及时反映。政府提供的信息全面、准确、及时，制定的政策、发布的决定相对稳定，行政管理做到公开、公平、公正、便民、高效、诚信。

(5) 高效、便捷、成本低廉的防范、化解社会矛盾的机制基本形成，社会矛盾得到有效防范和化解。

(6) 行政权力与责任紧密挂钩、与行政权力主体利益彻底脱钩。行政监督制度和机制基本完善，政府的层级监督和专门监督明显加强，行政监督效能显著提高。

(7) 行政机关工作人员特别是各级领导干部依法行政的观念明显提高，尊重法律、崇尚法律、遵守法律的氛围基本形成；依法行政的能力明显增强，善于运用法律手段管理经济、文化和社会事务，能够依法妥善处理各种社会矛盾。

5. 依法行政的本质是什么

依法行政的本质是依法规范、约束行政权。一是要保证国家行政权力的依法行使，实现国家行政管理的职能，维护国家利益、社会利益；二是要防止非法行政，保护公民、法人和其他组织的合法权益。现代法治要求，依法行政是依法治权，不是依法治事；是依法治官，不是依法治民；是依法治政府自己，不是依法治老百姓。

在权利与权力关系的认识上，必须从公民义务本位和政府权力本位向公民权利本位和政府责任本位转变。公民权利是国家权力之本，是行政权力之源；政府责任是行政权力的核心，是政府属性的本质。对于政府而言，法未授权不可为；对于公民而言，法未禁止即可为。

在法治理念上，必须从依法治民、治事向依法治官、治权转变。依法行政的核心是依法规范和制约行政权而非扩大和强化行政权。在责任意识上，必须从片面强调公民责任向强化政府责任转变。依法行政的目的是保护行政相对人的合法权利和利益。

6. 依法行政的基本原则是什么

根据《依法行政实施纲要》的规定，依法行政的基本原则有七条：

（1）必须坚持党的领导、人民当家作主和依法治国三者的有机统一。党的十六大明确提出，要把坚持党的领导、人民当家作主和依法治国有机统一起来。这是我们党对社会主义政治建设规律性认识的进一步深化，也是建设社会主义法治国家、全面推进依法行政的指导原则。

中国社会主义建设的历史经验表明，党的领导是人民当家作主和依法治国的根本保证，人民当家作主是社会主义民主政治的本质要求，依法治国是党领导人民治理国家的基本方略。中国共产党是中国特色社会主义事业的领导核心，它不仅始终着眼于最广大人民的根本利益，而且兼顾和协调各方面的利益，团结各方面的力量，共同推进全面建设小康社会的伟大事业。放弃了党的领导，就是放弃了党的执政地位，就根本谈不上依法治国和依法行政。

（2）必须把维护最广大人民的根本利益作为政府工作的出发点。我国是人民当家作主的社会主义国家，一切权力属于人民，一切权力的行使都要服从于人民利益。因此，政府的一切工作必须以实现和维护最广大人民的根本利益为宗旨。全面推进依法行政，其根本目的是为了实现好、维护好最广大人民的根本利益。因此，必须在全面推进依法行政工作中充分体现人民利益至上的基本精神，牢牢树立“公民观念”和“权利观念”，把维护人民群众的合法权益作为国家行政管理工作的重要出发点。

（3）必须维护宪法权威，确保法制统一和政令畅通。《依法行政实施纲要》提出，要维护宪法权威，确保法制统一和政令畅通。就是说，在全面推进依法行政的过程中，必须尊重宪法至高无上的地位，严格遵守宪法，以保证整个法制的统一，保证政令畅通。

依法治国首先要依宪治国，要使全党、全民增强依宪治国的意识。依宪治国依靠的是党和人民的实践，而实践活动是由意识和观念来指导的。要使全党、全民增强依宪治国的意识，关键是要真正树立宪法至上的思想，进一步树立宪法的权威。宪法是国家的根本大法，它的核心原则是社会主义与人民民主，它从我国的现实国情出发，民主、科学地规定了社会生活各方面的基本制度，是我国民主政治生活的总纲领。如果依宪治国不能成为全党和全民的意识，或者这种意识不能深入党心民心，依宪治国就很难实现，政治文明也就很难实现。

(4) 必须把发展作为党执政兴国的第一要务，坚持以人为本和全面、协调、可持续的发展观，促进经济社会和人的全面发展。《依法行政实施纲要》指出："必须把发展作为执政兴国的第一要务，坚持以人为本和全面、协调、可持续的发展观，促进经济社会和人的全面发展。"坚持和落实科学发展观，是全面推行依法行政的一个基本原则。

科学发展观是我们党对经济社会发展规律认识上的重要升华，它要求我们在一切工作中，必须做到统筹兼顾，妥善处理各方面的矛盾，协调好各方面的利益关系，全面推进经济、政治、文化建设，实现经济发展和社会全面进步。全面推进依法行政毫无疑问是科学发展观的题中应有之义，包含在科学发展观提出的全面、协调和可持续发展之中。

(5) 必须把依法治国和以德治国有机结合起来，大力推进社会主义政治文明、精神文明建设。全面推进依法行政，必须把依法治国和以德治国有机结合起来，必须大力推进社会主义政治文明、精神文明建设。依法行政，是社会主义政治文明建设的重要内容，从根本上说，发展社会主义民主政治，建设社会主义政治文明，是社会主义的本质要求，是社会主义民主制度的自我完善和发展的必然选择。

(6) 必须把推进依法行政与深化行政管理体制改革、转变政府职能有机结合起来，坚持开拓创新与循序渐进的统一，既要体现改革和创新的精神，又要有计划、有步骤地分类推进。全面推进依法行政，涉及到行政管理体制的改革和政府职能的转变。没有科学、合法、合理的行政管理体制，就无法顺利地推进依法行政；没有政府职能的根本性转变，政府管理了许多不该管、管不了也管不好的事情，也无法做到依法行政。这就要求把推进依法行政与深化行政管理体制改革、转变政府职能有机结合起来，使它们能够齐头并进，互相促进，共同发展。

依法行政、行政管理体制改革、政府职能转变，都是一个渐进的过程。当前，我们社会主义市场经济体制初步建立，改革开放取得了重要进展，我们的社会主义事业已经进入了一个新的历史阶段。为了适应这个新阶段的需要，我们必须进一步深化行政管理体制改革，切实转变政府职能，全面推进依法行政。这个过程不是一蹴而就的，必须按照《依法行政实施纲要》的要求，“坚持开拓创新与循序渐进的统一，既要体现改革和创新的精神，又要有计划、有步骤地分类推进”，积极稳妥地逐步实现我们的改革和发展目标。

（7）必须把坚持依法行政与提高行政效率统一起来，做到既严格依法办事，又积极履行职责。依法行政既要保证行政的合法，也要保证行政的高效。坚持依法行政与提高行政效率，两者是统一的、互相促进的关系。

全面推进依法行政，是提高行政效率、降低行政成本、创新管理方式的一种重要手段。在全面推进依法行政的过程中，把坚持依法行政与提高行政效率统一起来，做到既严格依法办事，又积极履行职责，从而能在根本上提高行政管理效能，降低行政管理成本，创新行政管理方式，使我国的行政管理走上科学化、法治化的轨道。

7. 依法行政具有什么重要意义

确立依法行政原则，对我国社会主义法制建设具有重大的现实意义和深远的历史意义。

（1）坚持依法行政，有利于充分体现民主精神。依法行政要求行政主体的一切行政行为包括行政立法、行政执法、行政司法、行政监督等等，都必须坚持正当程序，必须让公民广泛参与，从而让民主精神贯彻到社会管理的每一个角落。

（2）坚持依法行政，有利于加强政府廉政建设。依法行政要求各级行政主体及其工作人员都依照法定职权和法定程序办事，在政务公开的条件下保证正确行使权力，防止滥用权力，保证行政管理遵循为人民服务的目标。

（3）坚持依法行政，有利于适应 WTO 的客观要求。一方面，作为 WTO 成员国，我们必须遵守 WTO 规则；另一方面，我国为了适应 WTO 规则而修改或增补的国内法律法规，需要行政机关切实执行，从而依法处理 WTO 纠纷，实现我们入世的承诺。

（4）坚持依法行政，有利于转变政府职能。在社会主义市场经济条件下，政府职能应切实转变到经济调节、社会管理、公共服务上来，把企业的生产经营权和投资决策权真正交给企业，把社会可以自我调节和管理的职能交给社会组织，把群众自治范围内的事情交给群众自己依法办理。因此，不但要在行政立法中，实现政府职能的转变；在行政执法中，也要依据法定职权，按照法定程序办事，改变以往计划经济体制下“当家长”的做法，使权力与利益彻底脱钩，把该管的事情管住、管好。

(5) 坚持依法行政，有利于行政效率的提高。坚持依法行政，把政府工作纳入制度化、法律化的轨道，使之在法律规定的范围内决策，依照法律规定执法，按法律规定的程序办事，才有可能从根本上提高行政效率，以保证行政管理符合国家和人民的要求。

(6) 坚持依法行政，有利于正确处理人民内部矛盾。在社会主义市场经济条件下，主体多元化，利益多元化，国家与企业、企业与企业、企业与个人、个人与个人之间错综复杂的利益关系要得到合理、公正、有效调整与处理，政府只有在职权范围内依法予以公正、公平的协调，才能更好地处理这些由利益所带来的社会矛盾，实现社会和谐，提高政府公信。

8. 如何理解行政合法性原则

行政合法性原则又称行政合法原则，是指行政主体的设立、行政职权范围的界定以及行政职权的授予和行使都必须依据法律，符合法律，不得与法律相抵触，任何违法行政行为都应当承担相应的法律责任。同时，合法不仅要符合实体法，也要符合程序法。

合法性原则的具体内容因各国法律制度的不同而有所不同，通常包括以下几个方面：第一，行政职权必须基于法律的授予才能存在。合法性原则要求行政主体在其法定的权限内行使职权，任何没有法律根据的职权都是不应存在的。第二，行政职权必须依据法律行使。依据法律行使职权是合法性原则为行政主体设定的一项义务和职责。它要求行政主体行使职权既不能违反行政实体规范，也不能违反行政程序规范，任何不履行或拖延履行法定职责的行为，都要承担相应的法律责任。第三，行政授权、行政委托必须有法律依据。合法性原则要求行政授权或行政委托都必须有法律依据，按法定程序进行。

行政合法性原则是行政法治原则的重要组成，在依法行政中具有不可替代的地位。在法治国家，行政合法原则与行政合理原则共同构筑了依法行政的根基。行政合法性原则的上述三个要求必须得到满足，否则任何行政活动都是无效的。

9. 如何理解行政合理性原则

合理性原则是行政法治原则的一个重要组成部分，是指行政行为的内容要客观、适度、合乎理性。合理性原则产生的主要原因是由于行政自由裁量权的存在。自由裁量权是指在法律规定的条件下，行政机关根据其合理的判断，决定作为或不作为，以及如何作为的权力。合理性原则和合法性原则既有区别又有联系。合法性原则适用于行政法的所有领域，合理性原则主要适用于自由裁量领域。通常一个行为如果触犯了合法性原则，就不再追究其合理性问题；而一个自由裁量行为，即使没有违反合法性原则，也可能引起合理性问题。

合理性原则的具体内容：第一，正当性。行政主体行使职权，在主观上必须处于正当的动机，在客观上符合正当的目的；第二，平衡性。行政主体在选择行政行为时，必须注意权力和义务、个人利益和国家利益之间的平衡；第三，符合情理和常理。行政主体作出行政行为，必须符合情理和常理，不能要求行政相对人承担其无法履行或违背常情和常理的义务。

10. 如何理解行政应急性原则

应急性原则是现代行政法治原则的重要内容，是指行政机关为保障重大公共利益和公民根本利益，维护经济与社会秩序，保障社会稳定协调发展，在面临疫情、自然灾害等重大突发事件下可实施行政应急措施，其中既包括有法律授权的，也包括没有法律授权，甚至跟部分法律冲突的措施。

行政应急性原则改变了一般法律规范确定的行政机关与公民之间的权利义务关系，将重心向行政机关倾斜，授权行政机关在第一时间采取紧急处置手段，有助于及时迅速有效地控制公共危机的发展。它与法治原则并不冲突，是法治原则在应付突发事件领域的特殊化。这具体表现在行政应急性原则本身也为行政应急权力的行使进行了更严格的限制：第一，必须存在明确无误的、现实的危险或紧急情况；第二，通过正常法律手段无法解决；第三，行政机关采取的紧急措施必须得到立法机关的授权（事先或者事后）；第四，应急行为必须受到公正原则，尤其是比例原则的拘束。

归根结底，行政应急性原则是在坚持法治原则的基础上兼顾并侧重行政应急效率的实现，是法治原则指导下的规范应急，而并非突破法治原则的片面应急。因此，行使应急权亦应符合法治精神，确保其公正性、合理性与社会可接受性。

案例分析 1　某市工商行政管理局的行为有哪些地方违反了行政合法性原则

案　例

某市工商行政管理局擅自在国道上设卡拦车收费。某日，某省石油管理局的一辆小轿车被拦住，该工商局工作人员以手续不齐为由，要求司机交纳罚款，否则不予放行。司机赵某要求工商行政管理局与自己所在单位某省石油管理局进行交涉，并声明没有足够的现款可交。工商行政管理局工作人员遂下令扣押，但是没有出具扣押车辆处罚的清单。数日之后，司机在情急无奈的情况下缴纳了罚款，某市工商行政管理局也归还了小轿车。但是司机发现小轿车明显已经被使用过，油漆有多处划伤，车内的工具也不翼而飞。为了进行罚款，该市工商行政管理局专门制定了内部文件，自行设定处罚事项和标准。在执法过程中，该市工商行政管理局的工作人员曾经强迫司机作陈述。后来，有关新闻媒体对该市工商行政管理局的上述行为进行了揭露，引起了有关上级部门的重视。

【解析】

本案涉及行政合法性问题。

行政合法性原则，是指行政机关行使行政权力，管理公共事务，必须有法律授权，并依据法律规定。《依法行政实施纲要》明确指出，行政机关实施行政管理，应当依照法律、法规、规章的规定进行；没有法律、法规、规章的规定，行政机关不得作出影响公民、法人和其他组织合法权益或者增加公民、法人和其他组织义务的决定。本案主要涉及行政合法性原则的两个下位原则：法律优先原则和法律保留原则。

法律优先原则，是指上一层次的法律规范的效力高于下一层次的法律规范，行政机关的一切行政活动都不得与法律相抵触。该原则具体包括两个方面的内容：第一，根据《立法法》的相关规定，宪法具有最高的法律效力；法律的效力高于行政法规、地方性法规、规章；行政法规的效力高于地方性法规、规章；地方性法规的效力高于本级和下级地方政府规章；

省、自治区的人民政府制定的规章的效力高于本行政区域内的较大的市的人民政府制定的规章。第二，行政机关的一切行政活动都不得与法律相抵触。行政活动，是指行政机关为履行职务而实施的一切活动。具体包括行政机关制定具有普遍约束力的规范性文件的抽象行政行为，以及行政机关针对特定的对象和事件作出的具体行政行为。此处，“法律”是指一切具有法律效力的有关行政管理的法律规范，即一切构成行政法律渊源的法律规范，包括宪法、法律、行政法规、自治条例和单行条例、地方性法规和规章。

法律保留原则，要求在没有法律、法规、规章规定的情形下，不得擅自作出损害公民、法人和其他组织合法权益或者增加公民、法人和其他组织义务的决定。法律优先原则仅仅要求行政活动不与法律相抵触，而法律保留原则进一步要求行政活动必须具有法律明确的授权，否则即构成违法，其要求显然比法律优先原则严格。法律保留有绝对保留和相对保留之分。绝对保留，就是某事项的设定权只归法律，其他法律规范无权设定。比如，人身自由的限制、剥夺。相对保留原指某事项的设定权原属法律，但在某些情况下，法律可以授权其他国家机关行使。比如，《立法法》第九条规定：本法第八条规定的事项尚未制定法律的，全国人民代表大会及其常务委员会有权作出决定，授权国务院可以根据实际需要，对其中的部分事项先制定行政法规。

本案中，某市工商行政管理局的行为违反了行政合法原则。第一，某市工商行政管理局没有法律授权管理交通事务，即它在该案中不是一个合格的行政主体。而且，自行制定内部文件设定罚款事项和标准的来给自己“授权”，也违反了法律保留原则。根据《中华人民共和国行政处罚法》（以下简称《行政处罚法》）第二章的规定，规章以下规范性文件不能设定行政处罚。可见，《行政处罚法》将罚款这种行政处罚作为相对保留的事项，某市工商行政管理局根本无权自行设定罚款。某市工商行政管理局自行制定内部文件设定罚款事项和标准的行为显然违反了《行政处罚法》的规定，与其相抵触。

第二，某市工商行政管理局依据自行制定内部文件对司机进行处罚的行为违反了法律优先原则。根据法律优先原则，法律的效力高于法规、规章和其他规范性文件。在法律、法规、规章和其他规范性文件都对同一事项有规定而规定之间又有冲突时，应当优先适用法律。本案中，《行政处罚法》和行政机关的内部文件均对罚款做了规定，当行政机关内部文件的规定与《行政处罚法》的有关规定相抵触时，某市工商行政管理局应当优先适用《行政处罚法》，而不是内部文件。

第三，某市工商行政管理局的行为违反了法定程序。行政机关实施行政管理，不仅实体要合法，程序也要合法；不仅要依照法律的实体规定，还要依照法律的程序规定。某市工商行政管理局扣押车辆却不出具扣押车辆处罚的清单，显然违反法定程序。

全面推进依法行政，建设法治政府要求政府将职能切实转变到经济调节、市场监管、社会管理和公共服务上来。这就要求各级行政机关及其工作人员要转变现行的行政管理观念，改进现行行政管理方式，必须严格依照法定职权和程序履行职责，既不能失职，又不能越权，更不能滥用职权。本案中某市工商行政管理局在经济利益的驱动下擅自在国道上设卡拦车，实施罚款，严重违反了合法行政原则。

案例分析 2　某镇政府的处理决定是否符合行政合法性原则的要求

案　例

某县某村村民张某 1998 年翻建完房屋后，于 2003 年自建西厢房、西院墙，扩建南院墙，违法建 1 间猪圈、厕所，共计违法建设面积 116.42 平方米。2007 年 10 月 31 日，该村所在的镇政府以张某违反了国务院《村庄和集镇规划建设管理条例》有关规定为由，作出处理决定，限其 15 日内自行拆除违法建设，恢复地貌，清理现场。张某不服处理决定，将镇政府告上法庭，要求对方撤销该处理决定。2008 年 4 月 7 日，一审法院认定镇政府具有责令辖区内村民拆除违法规划建设的法定职责，对镇政府作出的处理决定予以维持。张某不服判决，上诉到中级人民法院。中级人民法院经审理认为，根据《中华人民共和国土地管理法》（以下简称《土地管理法》）的规定，农村村民未经批准非法占用土地建住宅的，由县级以上人民政府土地行政主管部门限期拆除在非法占用的土地上新建的房屋。镇政府以张某擅自兴建房屋、猪圈、厕所，擅自扩建院墙为由，所作出的要求张某拆除违法建设的处理决定，超越其法定职权，属不合法的具体行政行为，应当予以撤销。

【解析】

本案涉及行政合法性问题。

合法行政原则是行政机关依法行政的基本要求之一。

《依法行政实施纲要》明确规定行政机关在实施行政管理时，必须遵守合法行政原则。合法行政要求行政机关在实施行政管理时，必须做到以下几点：第一，行政机关实施行政管理必须有法律的授权，并在法律授权范围内行使职权。即职权法定，不得越权。在这里，职权法定原则应当涵盖政府的全部活动，即包括抽象行政行为与具体行政行为。同时，行政机关享有相应职权，意味着其负有同样的职责。如果行政机关不履行其法定职责，即构成行政不作为，也是违反合法行政原则要求的。第二，行政机关实施行政管理，应当依照法律、法规、规章的规定进行。合法，包括实体合法和程序合法。行政机关实施行政管理，要符合法律、法规、规章关于实施机关、条件、幅度等实体内容的规定，即行政机关只能在法律、法规、规章规定的条件、幅度、方式、范围内进行活动和选择，否则就构成实体违法。同时，行政机关实施行政管理，也要符合法律、法规、规章规定的程序，即遵守法律、法规、规章规定的具体步骤、形式、时间和顺序。第三，合法行政要求行政机关在没有法律、法规、规章规定的情况下，不得作出损害公民、法人和其他组织合法权益或者增加公民、法人和其他组织义务的决定。

本案中，镇政府的行为不符合合法行政原则的要求。虽然张某的行为违反了法律规定，应承担法律责任，但根据《土地管理法》的规定，农村村民未经批准非法占用土地建住宅的，由县级以上人民政府土地行政主管部门限期拆除在非法占用的土地上新建的房屋，也就是说，对张某的违法行为，只有县级以上人民政府土地行政主管部门才有权责令其限期拆除，法律没有授权镇政府作出责令张某拆除违章建筑的权力。因此，镇政府的行为违反了合法行政原则的要求，即职权法定准则。

由此我们可以看出，尽管行政相对人的行为是违法行为，但不意味着政府的处理决定就一定是合法正确的。政府依法行政，必须要符合合法行政的要求，在职权、内容、程序等方面都要遵循法律、法规、规章的规定。

案例分析 3　“态度不好”不应成为加重行政处罚的依据

案　例

某日，某司机因超载，被交警处以罚款。但因该司机质疑交警的罚款数额，交警认为其态度不好，对其进行加倍处罚。

【解析】

本案涉及行政合法性问题。

依法行政作为一个重要的行政执法原则，必须在行政执法工作中得到严格贯彻。但是，行政执法人员在对行政相对人进行行政处罚时，有时根据行政相对人的“态度”作为对其处罚轻重的一个衡量标准：行政相对人“态度好”，就会得到较轻的处罚；行政相对人“态度不好”，就会得到较重的处罚。一般来说，行政相对人“态度不好”的原因可以分为三类：第一类是“懵懂不知”型。这类行政相对人不知道自己的行为实际上已经违反了法律、行政法规、规章的相关规定，在受到行政执法人员的处罚时，往往会不理解、难以接受，易与行政执法人员发生冲突；第二类是“欲盖弥彰”型。这类行政相对人实际上知道自己的行为违反了有关法律、行政法规、规章的规定，但是为了避免行政处罚带来的损失，而拒不承认自己的违法行为。这类行政相对人往往会采用比较激烈的方式，与执法人员发生冲突；第三类是“据理力争”型。这类行政相对人认为自己的行为并没有违反相关的法律、行政法规、规章的规定，因而会据理力争，对自己的行为进行申辩。在本案中，这位司机即属于第三类“据理力争”型的行政相对人。那么，“态度不好”究竟能不能作为行政执法人员加重行政相对人责任的根据？这种对行政处罚轻重的自由裁量能否只由行政执法人员决定，它有没有一个具体的衡量标准？这个问题是行政执法人员在执法工作中经常遇到的难题，也甚为行政相对人所质疑和诟病。

我们知道，行政执法人员在进行行政执法时，应当遵循相关法律、法规的规定，即通常所说的行政行为必须严格遵循行政合法性原则。行政合法性原则是指行政主体的设立、行政职权的授予和行使都必须依据法律，不得与法律相抵触，任何违法行为都应当承担相应的法律责任。对于法定的行政职权，行政主体必须依据法定的实体内容和程序要求予以实施。无故不行使、拖延行使或不按照法定要求行使职权，都是有悖于行政合法性原则的。

行政处罚是指行政机关或法律、法规授权的行政主体，对违反行政法规范尚未构成犯罪的相对人给予行政制裁的具体行政行为。对行政相对人进行处罚应当遵循《行政处罚法》及相关法律、行政法规、规章的规定。只有行政相对人违反法律、行政法规、规章的规定，实施了法律、行政法规、规章明文规定的应当予以处罚的行为时，才能对其进行行政处罚；否则，不得对行政相对人予以处罚。否则，行政相对人可以对行政主体违反法律、行政法规、规章进行处罚或者加重处罚的具体行政行为申请行政复议或者提起行政诉讼。

也就是说，行政执法主体能不能以行政相对人“态度不好”为依据，对行政相对人进行处罚，决定于相关法律、行政法规、规章当中对“态度不好者加重处罚”有没有明确的规定。事实上，现行法律没有直接规定行政主体是否可以以行政相对人“态度不好”而对其进行处罚或加重处罚，而是规定了行政主体实施行政处罚的过程中必须遵循过罚相当原则。过罚相当原则要求行政主体对违法行为人适用行政处罚，所科罚种和处罚幅度要与违法行为人的违法过错程度相适应，既不轻过重罚，也不重过轻罚，避免畸轻畸重的不合理、不公正情况。这项原则要求行政执法主体要全面了解、掌握行政相对人的基本情况、违法事实和情节，以及行政相对人违法后的认错态度和表现；要求行政执法主体正确选择适用法律、法规；要求行政执法主体正确地行使自由裁量权。根据这一原则，认错态度也是行政主体对行政相对人实施行政处罚时所考虑的因素之一，而加重处罚也属于行政主体自由裁量的范畴。是否由此，交警以违章司机“态度不好”为由对其加重处罚的执法行为就有了法理上的依据呢？

从本案来看，该司机“态度不好”的起因是他质疑了交警的罚款数额。行政相对人的陈述权和申辩权是《行政处罚法》规定的相对人的重要权利。依据《行政处罚法》第六条的规定，公民、法人或其他组织对行政机关给予的行政处罚，不仅可以依法享有陈述权、申辩权，还可以对自己不服的行政处罚依法申请行政复议或者提起行政诉讼。对行政相对人陈述权和申辩权的保护，不仅可以维护行政相对人的基本权利，而且还可以防止行政执法主体对行政相对人合法权益的侵害，防止行政执法人员滥用自由裁量权。同时，《行政处罚法》第三十一条还明确规定，行政机关在作出行政处罚决定之前，应当告知当事人作出行政处罚决定的事实、理由及依据，并告知当事人依法享有的权利。也就是说，本案中的交警在作出行政处罚决定之前，应当向该司机说明自己作出处罚决定的事实、理由和依据；而该司机在受到行政处罚时，享有陈述和申辩的权利。而本案中的交警在作出行政处罚决定之前，并没有履行相关的法定告知义务，没有向行政相对人——这名司机说明作出行政处罚决定的事实、理由和法律依据。根据《行政处罚法》第三十二条的规定，在行政相对人提出意见、行使自己的陈述和申辩权时，行政执法人员必须充分听取行政相对人的意见，尊重其合法权利的行使。并且，还要对行政相对人提出的事实、理由和证据进行及时的复核；如果行政相对人提出的事实、理由和证据能够成立，行政执法主体还应当予以采纳。第三十二条第二款还明确规定：行政机关不得因当事人申辩而加重处罚。因此，本案中的交警在没有听取司机意见的情况下，拒绝司机的申辩和质疑而加重其行政处罚。这样的处罚决定，明显违反《行政处罚法》的规定。

那么，对于“态度不好”这个问题，我们应当如何看待呢？大家知道，在行政处罚过程中，行政执法主体与行政相对人实际上处于不平等的地位。行政相对人“态度好坏”的认定，缺乏明确的量化标准。如果一味地将行政相对人的“态度”作为对其处罚轻重的依据，只能加剧行政相对人的不利地位，对依法行政的推进与和谐社会的构建造成许多不良影响。第一，会使行政相对人对行政执法人员产生畏惧心理，不敢行使自己应当享有的陈述权和申辩权，为自己的行为辩解。这样，《行政处罚法》对行政相对人陈述和申辩权利进行保护的相关规定的实施会大打折扣。第二，这种畏惧心理会诱使一部分本来就没有过错的行政相对人为了减少麻烦，减轻行政执法人员对自己的处罚而承认自己有过错，以争取“从轻处理”。这样一来，行政相对人为减少损失而作出的“承认”反而成为了执法人员对其处罚的依据。这种情况的泛滥或将导致“有罪推定”的盛行。第三，法律调整的直接对象是人的外在行为，而不应惩罚人的内在思想方式。马克思对此谈到：“我只是由于表现自己，只是由于踏入现实的领域，我才进入受立法者支配的范围。对于法律来说，除了我的行为之外，我是根本不存在的，我根本不是法律的对象。我的行为就是我同法律打交道的唯一领域，因为行为就是我为之要求生存权利，要求现实权利的唯一东西，而且因此我才受到现行法的支配。”因此，法律所能够规范的只应当是人们的客观行为，不能因为人们主观上的不认错、不认可，而加重对其的处罚。因此，不论是对“懵懂不知”型的行政相对人，还是对“欲盖弥彰”型、“据理力争”型的行政相对人，其态度的好坏只能是一个综合考虑的因素，而不能作为决定行政处罚轻重的依据。

案例分析4　某市城管部门的处罚是否合理

案例

当事人王某于2001年经工商部门登记在某市某区某路开设一个餐馆，由于没有设置专门的排烟道，导致餐馆排放的油烟严重影响附近居民的生活。2002年当地居民投诉到城管部门，经与环保部门协调，环保部门同意给予当事人补办排污审批手续并要求当事人按要求设置烟囱，为此，当事人在西侧平台上搭建了一个超过周围建筑物高度的铁制独立烟囱。一年以后，附近居民以烟囱影响其生活为由，投诉到信访部门，信访部门以烟囱是构筑物，未经审批为由，转由城管部门按照城市规划有关规定进行处理。因为该市实行规划审批管理与执法相分离的体制，执法机关就该烟囱是否同意当事人补办问题请示规划审批部门意见，得到的答复认为：鉴于该烟囱问题，有居民投诉，不予补办审批手续，建议拆除。于是城管部门根据规划管理的法律规定作出责令当事人王某限期拆除违法建设烟囱的行政处罚决定。

【解析】

该案涉及诚信原则在行政执法中的运用问题。

诚信原则本来是民法领域的基本原则，原指民事主体进行民事活动必须意图诚实、善意，行使权利不侵害他人与社会的利益，履行义务信守承诺和法律规定，其获取民事利益的活动不仅应使当事人之间的利益得到平衡，而且也必须使当事人与社会之间的利益得到平衡。事实上，诚信也是国家的一种道德义务和法律义务。从社会契约论的角度来看，可以认为国家是人民把自己的权力通过契约的方式出让而形成的，国家主权来源于人民的权力，国家与人民之间有一种契约关系，虽然这种契约关系无法加以实证，是一种无形的契约，但国家却必须因此为其人民服务，不得违背人民的意愿。同样，我国作为社会主义国家，“中华人民共和国的一切权力属于人民”。既然国家的权力是人民“同意”而授予的，它只是在代表人民而行使权力。那我们的政府在行使人民用法律赋予其的权力时必须对人民讲求诚实信用。因此，依法行政首先要遵守诚信原则。

《依法行政实施纲要》要求“行政机关公布的信息应当全面、准确、真实。非因法定事由并经法定程序，行政机关不得撤销、变更已经生效的行政决定；因国家利益、公共利益或者其他法定事由需要撤回或者变更行政决定的，应当依照法定权限和程序进行，并对行政管理相对人因此而受到的财产损失依法予以补偿”。《中华人民共和国行政许可法》（以下简称《行政许可法》）也将诚信原则纳入立法之中，要求有关行政许可的法律规范应该具有一定的稳定性，不可随意更改，政府对公民、法人或其他组织的行政许可的信息具有真实与确定性，具体实施行政许可时，应该信守诺言，而不能对当事人提供不实或者不提供有关信息。我们可以看到，在完善社会主义市场经济体制和构建和谐社会的今天，政府在执法行为中的诚信已经受到社会的广泛关注。

就本案而言，当事人王某在办理工商登记时，工商部门并没有按照行政许可的有关规定履行告知义务，告知当事人从事餐饮业服务，需要到环保部门办理排污许可手续；如果当事人的经营场所是由商业住宅或工业用房改为商业用房的，属于改变建筑物的使用性质，以及当事人需要搭建构筑物的，应该告知他到规划审批部门办理审批手续；如果当事人要进行占道装修和改变建筑物立面的，也应告知当事人到市政市容主管部门办理审批手续。

本案中，当2002年居民投诉以后，环保部门在办理排污许可手续时，从常理上应该知道当事人要排污肯定需要建烟囱，而烟囱属于《中华人民共和国城乡规划法》（以下简称《城乡规划法》）规定的构筑物范畴，这就需要当事人还要到规划部门办理审批手续，环保部门却没有履行这样的告知义务。而当事人作为普通公民，并不知道在环保部门办理了油烟排污许可手续后，还要到规划部门办理许可手续，因此他相信环保部门的行政许可是合法有效的，从而形成本案“拆除烟囱，符合规划要求，但违反环保要求；不拆烟囱符合环保要求，但规划不允许”的尴尬局面，从而导致环保部门的行政许可形同废纸。若要同时满足环保、规划两部门的要求，那么当事人的餐馆则无法营业，而工商部门的行政许可又形同废纸。若工商部门在行政许可时，能从行政诚信的角度，告知当事人还需在环保、规划等部门取得相应行政许可，或环保部门批准当事人排污的行政许可时，能从行政诚信的角度，告知当事人建设烟囱还需要规划部门的行政许可，这样当事人在充分了解相关信息后，就会对自己的行为充分考量，选择合适的地方经营餐馆或选择符合规定的排污方式，从而避免本案出现的尴尬局面。

就上述案件而言，城管执法部门应运用比例原则正确处理烟囱的保留或拆除问题，合理调整居民与店主王某的利益冲突。在2002年居民投诉油烟排污对其生活造成影响后，环保部门同意给予当事人补办排污审批手续并要求当事人王某按要求设置烟囱，充分说明只要王某按照环保排污许可的规定进行经营，是可以将群众利益损害减到最小甚至没有的。而城管执法部门若是完全按照规划部门对该案件的处理意见——“鉴于群众投诉，不同意办理审批手续”，只能对当事人的烟囱以“缺乏构筑物审批手续”为由，要求其进行拆除。其结果要么是，当事人不愿意拆除，执法部门强制执行，引起矛盾；或是当事人自觉拆除烟囱。这样无序排放油烟，必然严重影响居民生活，又形成新的矛盾。然后又是周围居民到城管部门、环保部门投诉，新的一轮执法又将开始……按这种情况发展，在耗费了国家机关大量行政资源之后，增加的只是当事人与周围居民、城管执法部门的矛盾，我们也可以设想到最终的结局只能是餐馆停产停业，工人下岗失业，居民不能到这个餐馆就餐，政府税收减少，社会既不增益，也不和谐。

因此，身处城市管理第一线的城管执法部门，在处理本案的时候应该正确运用比例原则，认真分析群众意见，建议环保部门和规划部门就当事人的烟囱设计与建设是否不合理，是否是因烟囱的设计与建设上的缺陷导致群众生活受到影响，进行重新论证和审批，进而要求当事人王某对餐馆的排污设施进行合理设计和改造，使餐馆能够继续营业的同时也符合环保标准，满足周围居民的要求。这样的行政执法才是“双赢”的处理方案，才能把对群众利益的损害减到最少，才能防止侵害群众利益事件的发生，真正符合行政执法上的比例原则。

所以，正确理解并灵活运用上述两个原则不但对行政执法工作甚为重要，而且对依法行政与构建和谐执法环境也具有重要的理论价值和现实意义。

案例分析 5　H 市文化局的做法是否符合高效便民原则的要求

案　例

王某欲在 H 市开办一间网吧。按照 H 市开办网吧的规定，要开一间网吧，必须具备“两证一书一照”，即首先要获得文化部门核发的网络文化准营证和公安部门签发的互联网上网服务营业场所安全审核意见书，然后再凭此到省通讯经营管理局申请互联网上网营业场所经营许可证，最后凭“两证一书”到工商部门申领营业执照。另外，还要经过消防部门的消防审核验收。开网吧共涉及文化、公安（包括消防）、通讯管理局、工商四个职能部门的审批。王某先到 H 市文化局进行文化准营证的申请。结果 H 市文化局过了两个月都没有任何答复。王某屡次问询，H 市文化局才告知王某要先到街、镇文化站加盖意见章。王某又用了一个多月的时间在街文化站获得了同意王某开办网吧的意见，并加盖了文化站的公章。王某再次回到 H 市文化局，H 市文化局仍然超过两个月没有答复，王某又催问，H 市文化局迟迟才告知王某还需要到区文化局征求同意并加盖区文化局的公章。王某认为 H 市文化局是拖延履行法定职责。因为根据当地开办网吧的规定，业主要申请开办网吧，只需要直接到市文化局申请，不用先到街、镇文化站和区文化局审批。王某就 H 市文化局不履行法定职责的行为向市政府申请行政复议。

【解析】

本案涉及的是依法行政原则的重要方面：高效便民原则。

高效便民，是指行政机关能够依法高效率、高效益地行使职权，最大程度地方便人民群众。效率针对行政管理的过程，是对办事速度方面的要求；效益则针对行政管理结果，要求以较少的行政资源投入实现行政管理目的，并且取得好的效果。高效作为衡量行政机关工作质量的重要标准，是决定行政机关能否真正落实服务于民宗旨的重要环节。《依法行政实施纲要》对行政机关明确提出了高效便民的要求。

《依法行政实施纲要》指出，行政机关实施行政管理，应当遵守法定时限，积极履行法定职责，提高办事效率，提供优质服务，方便公民、法人和其他组织。《行政许可法》、《中华人民共和国行政复议法》（以下简称《行政复议法》）和《中华人民共和国行政诉讼法》（以下简称《行政诉讼法》）中有许多具体的制度都体现了这一原则。如《行政许可法》规定，在行政许可申请方面，申请人可以委托代理人提出行政许可申请，申请可以通过信函、电报、电传、传真、电子数据交换和电子邮件等方式提出；在申请受理方面，行政许可机关对符合条件的应当立即受理，对不符合条件的，应当告知其需要补正之处并允许当场更正，如果没有告知则视为已经受理，对不属于自己职责范围内的应当立即告知申请人相关情况；在行政许可决定程序上，对于需要确定有关主体资格的申请，如果申请材料齐全、符合法定形式的，许可机关应当当场予以登记，对于其他能够当场作出行政许可决定的申请也应当当场作出决定。

本案中，H市文化局拖延履行职责、给行政管理相对人增加程序的做法违反了高效便民原则，也不符合《行政许可法》的要求。根据《行政复议法》和《行政诉讼法》的规定，行政机关不履行法定职责的，行政管理相对人可以提起行政复议或行政诉讼。王某对H市文化局的行政不作为申请行政复议，符合法律规定。

本案还反映了现实中一个常见的问题，行政机关设置多头审批时给行政管理相对人造成不便如何处理。《行政许可法》第二十五条规定："经国务院批准，省、自治区、直辖市人民政府根据精简、统一、效能的原则，可以决定一个行政机关行使有关行政机关的行政许可权。"第二十六条规定："行政许可需要行政机关内设的多个机构办理的，该行政机关应当确定一个机构统一受理行政许可申请，统一送达行政许可决定。行政许可依法由地方人民政府两个以上部门分别实施的，本级人民政府可以确定一个部门受理行政许可申请并转告有关部门分别提出意见后统一办理，或者组织有关部门联合办理、集中办理。”这些规定都表明了行政机关应当减少审批环节，简化审批程序，为行政管理相对人提供高效便民的服务。目前很多城市都开始设立政务大厅，在一个大厅内将公民、法人或其他组织常用的需要审批盖章的部门都集中在一起，便利行政管理相对人的申请。这都是高效便民原则的表现。

案例分析 6　区公安分局对张某作出的治安处罚决定是否正确

案　例

2009 年 6 月 4 日，张某在本市乘坐电车时，借人多拥挤之机，用事先准备好的剪刀将肖某的辫子剪掉。被肖某的好朋友刘某当场发现。刘某和肖某抓住张某，并在周围群众的帮助下将张某扭送到就近的区公安分局。区公安分局对此案件进行了调查得知，原来肖某与张某同为某职业学校的学生，张某在追求肖某时遭到拒绝，于是就想出剪掉肖某的辫子、毁坏肖某形象的主意。区公安分局将张某的行为认定为侮辱他人、干扰他人正常生活，并依《治安管理处罚法》第四十二条的规定处以张某行政拘留 10 日，罚款 500 元。张某认为自己只是跟肖某开玩笑，没有扰乱她的正常生活，区公安分局对其处罚过重。之后，张某向市公安局申请行政复议。

【解析】

本案涉及行政法上的比例原则。

比例原则主要适用于行政自由裁量权领域，其基本涵义是指行政机关行使行政自由裁量权时，应在全面衡量公益与私益的基础上选择对行政管理相对人侵害最小的适当方式进行，不能超过必要限度。行政活动千变万化、错综复杂，行政法律规范不可能对每种权力的每个具体方面都规定得细致入微。特别是在变动性很强的社会生活方面，行政法律规范永远也不可能赶上社会生活的每个变化。因此，法律规范必然留给行政权力一定的自由活动空间，以应对错综复杂的社会管理，即行政自由裁量权。主要表现在行政机关对行政行为的方式、范围、种类、幅度享有一定的选择权。自由裁量权的存在，并不代表着行政机关就可以完全随心所愿的自由选择，而是要求行政机关在法定范围之内尽可能合理、适当地作出行政行为。这就是行政法上比例原则所关注的问题。

比例原则作为行政法治原则的重要组成部分，在我国的行政法学理论界日益受到重视。《依法行政实施纲要》中将比例原则作为合理行政的重要内容，明确提出行政机关“行使自由裁量权符合法律目的，排除不相关因素的干扰；所采取的措施和手段应当必要、适当；行政机关实施行政管理可以采用多种方式实现行政目的，应当避免采用损害当事人权益的方式。”

比例原则通常包含三个子原则，即妥当性原则、必要性原则和均衡原则。第一，妥当性原则。该原则是指自由裁量权所采取的手段必须能够实现行政目的或有助于行政目的的达成。它针对的是行政手段与行政目的之间的客观联系，要求实现行政目的的手段必须利于达成行政目的。如对于严重超载的货车，交警只采取了罚款措施后即予以放行，这种一罚了事的手段没有达到制止超载货车所带来的危险的目的，明显违反了妥当性原则。第二，必要性原则。又称最小损害原则，是指在有多种能同样达成行政目的的手段可供选择时，行政机关应选择对行政管理相对人权益损害最小的手段，即该手段对行政目的的达成是必要的。例如，对于轻微违反治安管理的行为人，采取警告、罚款或行政拘留等措施均能达到处罚的目的，但相比较而言，采取警告或罚款进行处罚对行为人造成的损害明显轻于行政拘留，因此，应该采取前两种处罚措施而不要采取后者。第三，均衡原则。又可称为狭义比例原则，是指行政主体采取的为达成行政目的必要手段，不能给行政管理相对人权益带来超过行政目的之价值的侵害，即行政手段对行政管理相对人权益的损害必须小于该行政目的所实现的社会公共利益，不能超过这一限度。因此，行政机关在采取任何行政措施时，不能为了一个较小的公共利益去损害较大的公民权益。

本案中区公安分局对张某处以行政拘留10日和罚款500元是否过重，取决于两个方面的问题：一是张某在电车上剪掉肖某辫子这一行为的性质，二是区公安分局作出治安处罚决定的幅度是否恰当。就第一个问题而言，本案中张某的行为属于侵犯他人人身权利的行为。《中华人民共和国治安管理处罚法》（以下简称《治安管理处罚法》）第四十二条规定了侵犯他人人身权利的行为，其中，侮辱他人的行为和干扰他人正常生活的行为是就特定情况而言的。本案中张某的行为恰恰属于该两项规定。因此，区公安分局适用《治安管理处罚法》第四十二条的规定对张某的行为进行定性是正确的。第二个问题是本案中治安处罚的幅度是否正确。行政机关适用法律，除了条文上的把握必须准确明白，还要把握违法行为情节的轻重，这是行政处罚做到过罚相适应的前提。本案中张某行为的恶劣程度是否达到了行政拘留10日和罚款500元的程度，是存在疑问的。根据《治安管理处罚法》第四十二条的规定，“有下列行为之一的，处五日以下拘留或者五百元以下罚款；情节较重的，处五日以上十日以下拘留，可以并处五百元以下罚款……（二）公然侮辱他人或者捏造事实诽谤他人的……”可见，行政拘留10日和500元罚款是本条的最高处罚幅度，一般情况下，只有当被处罚人的行为具有《治安管理处罚法》所规定的从重处罚情节时，行政机关才选择最高的处罚幅度进行处罚。根据该法第二十条规定：“（一）有较严重后果的；（二）教唆、胁迫、诱骗他人违反治安管理的；（三）对报案人、控告人、举报人、证人打击报复的；（四）六个月内曾受过治安管理处罚的。”本案中张某虽然将肖某的辫子剪掉，但从其行为本身来看，并不属于《治安管理处罚法》第二十条所列举的可以从重进行治安处罚的情况。因此，本案中区公安分局作出的行政处罚决定违反了比例原则，对张某作出的治安处罚的幅度明显与其实施的违法行为情节不成比例，因此是不适当的。

第二章　推进依法行政　建设法治政府

11. 为什么要加快推进法治政府建设

贯彻依法治国基本方略，推进依法行政，建设法治政府，是我们党治国理政从理念到方式的革命性变化，具有划时代的重要意义。《依法行政实施纲要》实施以来，各级人民政府对依法行政工作高度重视，加强领导、狠抓落实，法治政府建设取得了重要进展。当前，我国经济社会发展进入新阶段，国内外环境更为复杂，挑战增多。转变经济发展方式和调整经济结构的任务更加紧迫和艰巨，城乡之间、地区之间发展不平衡，收入分配不公平和差距扩大，社会结构和利益格局深刻调整，部分地区和一些领域社会矛盾有所增加，群体性事件时有发生，一些领域腐败现象仍然易发多发，执法不公、行政不作为乱作为等问题比较突出。解决这些突出问题，要求进一步深化改革，加强制度建设，强化对行政权力运行的监督和制约，推进依法行政，建设法治政府。各级行政机关及其领导干部一定要正确看待我国经济社会环境的新变化，准确把握改革发展稳定的新形势，及时回应人民群众的新期待，切实增强建设法治政府的使命感、紧迫感和责任感。

因此，当前和今后一个时期，要深入贯彻科学发展观，认真落实依法治国基本方略，进一步加大《依法行政实施纲要》实施力度，以建设法治政府为奋斗目标，以事关依法行政全局的体制机制创新为突破口，以增强领导干部依法行政的意识和能力、提高制度建设质量、规范行政权力运行、保证法律法规严格执行为着力点，全面推进依法行政，不断提高政府公信力和执行力，为保障经济又好又快发展和社会和谐稳定发挥更大的作用。为在新形势下深入贯彻落实依法治国基本方略，全面推进依法行政，进一步加强法治政府建设，国务院于 2010 年 10 月发布了《国务院关于加强法治政府建设的意见》（以下简称《法治政府建设的意见》）。

12. 如何理解公务员依法行政能力

一般认为，公务员依法行政能力是指行政机关工作人员依据依法行政的原则和观念，按照法定职责和权限实施行政行为并承担相应法律责任的能力。

根据2003年12月人事部发布的《国家公务员通用能力标准框架（试行)》，公务员通用能力标准包括政治鉴别能力、依法行政能力、公共服务能力、调查研究能力、学习能力、沟通协调能力、创新能力、应对突发事件能力和心理调适能力。其中，依法行政能力的基本内容是：第一，有较强的法律意识、规则意识、法制观念；第二，忠实遵守宪法、法律和法规，按照法定的职责权限和程序履行职责、执行公务；准确运用与工作相关的法律、法规和有关政策；第三，依法办事，准确执法，公正执法，文明执法，不以权代法；第四，敢于同违法行为作斗争，维护宪法、法律尊严。

13. 如何提高行政机关工作人员依法行政意识和能力

提高行政机关工作人员依法行政意识和能力是推进依法行政、建设法治政府的基础性和全局性工作，是推进社会主义民主政治建设、落实依法治国基本方略的重大举措，对于构建社会主义和谐社会具有重要意义。如何提高行政机关工作人员依法行政意识和能力主要体现在以下几个方面：

（1）重视行政机关工作人员依法行政意识与能力的培养。行政机关工作人员特别是领导干部要带头学法、遵法、守法、用法，牢固树立以依法治国、执法为民、公平正义、服务大局、党的领导为基本内容的社会主义法治理念，自觉养成依法办事的习惯，切实提高运用法治思维和法律手段解决经济社会发展中突出矛盾和问题的能力。要重视提拔使用依法行政意识强，善于用法律手段解决问题、推动发展的优秀干部。

（2）推行依法行政情况考察和法律知识测试制度。拟任地方人民政府及其部门领导职务的干部，任职前要考察其掌握相关法律知识和依法行政情况。公务员录用考试要注重对法律知识的测试，对拟从事行政执法、政府法制等工作的人员，还要组织专门的法律知识考试。

（3）建立法律知识学习培训长效机制。完善各级行政机关领导干部学法制度。要通过政府常务会议会前学法、法制讲座等形式，组织学习宪法、通用法律知识和与履行职责相关的专门法律知识。县级以上地方各级人民政府每年至少要举办2期领导干部依法行政专题研讨班。各级行政学院和公务员培训机构举办的行政机关公务员培训班，要把依法行政知识纳入教学内容。定期组织行政执法人员参加通用法律知识培训、专门法律知识轮训和新法律法规专题培训，并把培训情况、学习成绩作为考核内容和任职晋升的依据之一。

14. 如何加强和改进政府制度建设

没有规矩不成方圆，缺少了制度的约束，国家就会陷入无政府状态，就有走向衰亡的危险；没有制度约束，权力就会失去控制，管理就会迷失方向，就有步入歧途的可能；没有了制度的约束，机关工作就会失去组织原则，必将呈现混乱无序的状态。因此，加强和改进政府制度建设，是加快法治政府建设的首要之义。

（1）突出政府立法重点。要按照有利于调动人民群众积极性和创造性、激发社会活力和竞争力、解放和发展生产力、维护公平正义、规范权力运行的要求，加强和改进政府立法与制度建设。重点加强有关完善经济体制、改善民生和发展社会事业以及政府自身建设方面的立法。对社会高度关注、实践急需、条件相对成熟的立法项目，要作为重中之重，集中力量攻关，尽早出台。

（2）提高制度建设质量。政府立法要符合经济社会发展规律，充分反映人民意愿，着力解决经济社会发展中的普遍性问题和深层次矛盾，切实增强法律制度的科学性和可操作性。严格遵守法定权限和程序，完善公众参与政府立法的制度和机制，保证人民群众的意见得到充分表达、合理诉求和合法利益得到充分体现。除依法需要保密的外，行政法规和规章草案要向社会公开征求意见，并以适当方式反馈意见采纳情况。建立健全专家咨询论证制度，充分发挥专家学者在政府立法中的作用。法律法规规章草案涉及其他部门职责的，要充分听取相关部门的意见；相关部门要认真研究，按要求及时回复意见。加强政府法制机构在政府立法中的主导和协调作用，涉及重大意见分歧、达不成一致意见的，要及时报请本级人民政府决定。坚决克服政府立法过程中的部门利益和地方保护倾向。积极探索开展政府立法成本效益分析、社会风险评估、实施情况后评估工作。加强行政法规、规章解释工作。

（3）加强对行政法规、规章和规范性文件的清理。坚持立“新法”与改“旧法”并重。对不符合经济社会发展要求，与上位法相抵触、不一致，或者相互之间不协调的行政法规、规章和规范性文件，要及时修改或者废止。建立规章和规范性文件定期清理制度，对规章一般每隔 5 年、规范性文件一般每隔 2 年清理一次，清理结果要向社会公布。

（4）健全规范性文件制定程序。地方各级行政机关和国务院各部门要严格依法制定规范性文件。各类规范性文件不得设定行政许可、行政处罚、行政强制等事项，不得违法增加公民、法人和其他组织的义务。制定对公民、法人或者其他组织的权利义务产生直接影响的规范性文件，要公开征求意见，由法制机构进行合法性审查，并经政府常务会议或者部门领导班子会议集体讨论决定；未经公开征求意见、合法性审查、集体讨论的，不得发布施行。县级以上地方人民政府对本级政府及其部门的规范性文件，要逐步实行统一登记、统一编号、统一发布。探索建立规范性文件有效期制度。

（5）强化规章和规范性文件备案审查。严格执行法规规章备案条例和有关规范性文件备案的规定，加强备案审查工作，做到有件必备、有错必纠，切实维护法制统一和政令畅通。要重点加强对违法增加公民、法人和其他组织义务或者影响其合法权益，搞地方或行业保护等内容的规章和规范性文件的备案审查工作。建立规范性文件备案登记、公布、情况通报和监督检查制度，加强备案工作信息化建设。对公民、法人和其他组织提出的审查建议，要按照有关规定认真研究办理。对违法的规章和规范性文件，要及时报请有权机关依法予以撤销并向社会公布。备案监督机构要定期向社会公布通过备案审查的规章和规范性文件目录。

15. 如何依法进行科学民主决策

依法行政的重点是抓好整个行政行为内容的合法性和整个行为过程程序上的合法性，而行政决策是整个行政行为的起点。行政行为的违法不一定是行政决策环节的违法，但作为行政行为的起点的行政决策环节错误必然导致整个行政行为的错误。所以，抓好行政决策环节显然是抓好依法行政的关键，只有保证行政决策的合法性，才能保证行政行为的合法性。要做到依法进行科学民主决策，必须做好以下几点：

（1）规范行政决策程序。加强行政决策程序建设，健全重大行政决策规则，推进行政决策的科学化、民主化、法治化。要坚持一切从实际出发，系统全面地掌握实际情况，深入分析决策对各方面的影响，认真权衡利弊得失。要把公众参与、专家论证、风险评估、合法性审查和集体讨论决定作为重大决策的必经程序。作出重大决策前，要广泛听取、充分吸收各方面意见，意见采纳情况及其理由要以适当形式反馈或者公布。完善重大决策听证制度，扩大听证范围，规范听证程序，听证参加人要有广泛的代表性，听证意见要作为决策的重要参考。重大决策要经政府常务会议或者部门领导班子会议集体讨论决定。重大决策事项应当在会前交由法制机构进行合法性审查，未经合法性审查或者经审查不合法的，不能提交会议讨论、作出决策。

（2）完善行政决策风险评估机制。凡是有关经济社会发展和人民群众切身利益的重大政策、重大项目等决策事项，都要进行合法性、合理性、可行性和可控性评估，重点是进行社会稳定、环境、经济等方面的风险评估。建立完善部门论证、专家咨询、公众参与、专业机构测评相结合的风险评估工作机制，通过舆情跟踪、抽样调查、重点走访、会商分析等方式，对决策可能引发的各种风险进行科学预测、综合研判，确定风险等级并制定相应的化解处置预案。要把风险评估结果作为决策的重要依据，未经风险评估的，一律不得作出决策。

（3）加强重大决策跟踪反馈和责任追究。在重大决策执行过程中，决策机关要跟踪决策的实施情况，通过多种途径了解利益相关方和社会公众对决策实施的意见和建议，全面评估决策执行效果，并根据评估结果决定是否对决策予以调整或者停止执行。对违反决策规定、出现重大决策失误、造成重大损失的，要按照谁决策、谁负责的原则严格追究责任。

16. 如何规范公正文明执法

随着我国社会主义经济、民主与法制建设的不断推进，人民群众对执法水平和服务水准有了更多、更新的要求，尤其是对执法人员提出了更高的要求。每一位执法人员在工作中能否认真刻苦，能否公正、文明办案，在群众眼里直接代表了党和政府的形象，直接影响到行政执法的社会效果。因此，必须严格规范公正文明执法。

（1）严格依法履行职责。各级行政机关要自觉在宪法和法律范围内活动，严格依照法定权限和程序行使权力、履行职责。要全面履行政府职能，更加重视社会管理和公共服务，着力保障和改善民生，切实解决就业、教育、医疗、社会保障、保障性住房等方面人民群众最关心的问题。加大行政执法力度，严厉查处危害安全生产、食品药品安全、自然资源和环境保护、社会治安等方面的违法案件，维护公共利益和经济社会秩序。认真执行行政许可法，深化行政审批制度改革，进一步规范和减少行政审批，推进政府职能转变和管理方式创新。着力提高政府公信力，没有法律、法规、规章依据，行政机关不得作出影响公民、法人和其他组织权益或者增加其义务的决定；行政机关参与民事活动，要依法行使权利、履行义务、承担责任。

（2）完善行政执法体制和机制。继续推进行政执法体制改革，合理界定执法权限，明确执法责任，推进综合执法，减少执法层级，提高基层执法能力，切实解决多头执法、多层执法和不执法、乱执法问题。改进和创新执法方式，坚持管理与服务并重、处置与疏导结合，实现法律效果与社会效果的统一。加强行政执法信息化建设，推行执法流程网上管理，提高执法效率和规范化水平。县级以上人民政府要建立相关机制，促进行政执法部门信息交流和资源共享。完善执法经费由财政保障的机制，切实解决执法经费与罚没收入挂钩问题。

（3）规范行政执法行为。各级行政机关都要强化程序意识，严格按程序执法。加强程序制度建设，细化执法流程，明确执法环节和步骤，保障程序公正。要平等对待行政相对人，同样情形同等处理。行政执法机关处理违法行为的手段和措施要适当适度，尽力避免或者减少对当事人权益的损害。建立行政裁量权基准制度，科学合理细化、量化行政裁量权，完善适用规则，严格规范裁量权行使，避免执法的随意性。健全行政执法调查规则，规范取证活动。坚持文明执法，不得粗暴对待当事人，不得侵害执法对象的人格尊严。加强行政执法队伍建设，严格执法人员持证上岗和资格管理制度，狠抓执法纪律和职业道德教育，全面提高执法人员素质。根据法律法规规章立、改、废情况及时调整、梳理行政执法依据，明确执法职权、机构、岗位、人员和责任，并向社会公布。充分利用信息化手段开展执法案卷评查、质量考核、满意度测评等工作，加强执法评议考核，评议考核结果要作为执法人员奖励惩处、晋职晋级的重要依据。严格落实行政执法责任制。

17. 如何推进政务公开

政务公开制度作为对公共权力运行进行制约与监督的一项重要制度，在我国已经历了20多年的发展，取得了较为明显的成效，但仍存在一些亟待解决的问题和不足。进一步推进我国的政务公开，必须通过制度创新。只有加快政务公开的立法进程，不断完善考核评价、有效监督、责任追究、保障机制等方面的制度，才能从制度上规范政务公开，逐步消除影响政务公开的各种阻碍性因素，把我国的政务公开推向一个新阶段。

（1）加大政府信息公开力度。认真贯彻实施政府信息公开条例，坚持以公开为原则、不公开为例外，凡是不涉及国家秘密、商业秘密和个人隐私的政府信息，都要向社会公开。加大主动公开力度，重点推进财政预算、公共资源配置、重大建设项目批准和实施、社会公益事业建设等领域的政府信息公开。政府全部收支都要纳入预算管理，所有公共支出、基本建设支出、行政经费支出的预算和执行情况，以及政府性基金收支预算和中央国有资本经营预算等情况都要公开透明。政府信息公开要及时、准确、具体。对人民群众申请公开政府信息的，要依法在规定时限内予以答复，并做好相应服务工作。建立健全政府信息公开的监督和保障机制，定期对政府信息公开工作进行评议考核。依法妥善处理好信息公开与保守秘密的关系，对依法应当保密的，要切实做好保密工作。

(2) 推进办事公开。要把公开透明作为政府工作的基本制度，拓宽办事公开领域。所有面向社会服务的政府部门都要全面推进办事公开制度，依法公开办事依据、条件、要求、过程和结果，充分告知办事项目有关信息。要规范和监督医院、学校、公交、公用等公共企事业单位的办事公开工作，重点公开岗位职责、服务承诺、收费项目、工作规范、办事纪律、监督渠道等内容，为人民群众生产生活提供优质、高效、便利的服务。

(3) 创新政务公开方式。进一步加强电子政务建设，充分利用现代信息技术，建设好互联网信息服务平台和便民服务网络平台，方便人民群众通过互联网办事。要把政务公开与行政审批制度改革结合起来，推行网上电子审批、“一个窗口对外”和“一站式”服务。规范和发展各级各类行政服务中心，对与企业和人民群众密切相关的行政管理事项，要尽可能纳入行政服务中心办理，改善服务质量，提高服务效率，降低行政成本。

18. 如何开展行政监督和问责

权力缺乏监督，必然导致腐败。加快建立健全决策、执行、监督相互制约又相互协调的行政运行机制，深入推进政务公开、完善各类公开办事制度，是强化行政监督和行政问责制的关键，强化行政监督和问责需要从以下几个方面做起：

(1) 强化行政机关自觉接受监督的意识。各级人民政府和政府部门要自觉接受人大及其常委会的监督、政协的民主监督和人民法院依法实施的监督。对事关改革发展稳定大局、人民群众切身利益和社会普遍关心的热点问题，县级以上人民政府要主动向同级人大常委会专题报告。拓宽群众监督渠道，依法保障人民群众监督政府的权利。完善群众举报投诉制度。

高度重视舆论监督，支持新闻媒体对违法或者不当的行政行为进行曝光。对群众举报投诉、新闻媒体反映的问题，有关行政机关要认真调查核实，及时依法作出处理，并将处理结果向社会公布。

（2）加强政府内部层级监督和专门监督。上级行政机关要切实加强对下级行政机关的监督，及时纠正违法或者不当的行政行为。保障和支持审计、监察等部门依法独立行使监督权。审计部门要着力加强财政专项资金和预算执行审计、重大投资项目审计、金融审计、国有企业领导人员经济责任审计等工作，加强社会保障基金、住房公积金、扶贫救灾资金等公共资金的专项审计。监察部门要全面履行法定职责，积极推进行政问责和政府绩效管理监察，严肃追究违法违纪人员的责任，促进行政机关廉政勤政建设。

（3）严格行政问责。严格执行《中华人民共和国行政监察法》（以下简称《行政监察法》）、《中华人民共和国公务员法》（以下简称《公务员法》）、《行政机关公务员处分条例》（以下简称《公务员处分条例》）和《关于实行党政领导干部问责的暂行规定》（以下简称《领导干部问责的暂行规定》），坚持有错必纠、有责必问。对因有令不行、有禁不止、行政不作为、失职渎职、违法行政等行为，导致一个地区、一个部门发生重大责任事故、事件或者严重违法行政案件的，要依法依纪严肃追究有关领导直至行政首长的责任，督促和约束行政机关及其工作人员严格依法行使权力、履行职责。

19. 如何化解社会矛盾纠纷

随着改革的不断推进、深化，尤其是在金融危机的背景下，各类社会矛盾呈现集中多发态势，一些矛盾和不稳定因素日益突出。发展是主题，稳定是前提，没有和谐民主的优良环境，建设全面发展的小康社会就无从谈起，建设社会主义现代化就没有了根基。因此，有效化解社会矛盾纠纷、减少不安定因素，已经成为当前的一项重要工作。要完成好这项工作，可以从以下三个方面着手：

（1）健全社会矛盾纠纷调解机制。要把行政调解作为地方各级人民政府和有关部门的重要职责，建立由地方各级人民政府负总责、政府法制机构牵头、各职能部门为主体的行政调解工作体制，充分发挥行政机关在化解行政争议和民事纠纷中的作用。完善行政调解制度，科学界定调解范围，规范调解程序。对资源开发、环境污染、公共安全事故等方面的民事纠纷，以及涉及人数较多、影响较大、可能影响社会稳定的纠纷，要主动进行调解。认真实施人民调解法，积极指导、支持和保障居民委员会、村民委员会等基层组织开展人民调解工作。推动建立行政调解与人民调解、司法调解相衔接的大调解联动机制，实现各类调解主体的有效互动，形成调解工作合力。

（2）加强行政复议工作。充分发挥行政复议在解决矛盾纠纷中的作用，努力将行政争议化解在初发阶段和行政程序中。畅通复议申请渠道，简化申请手续，方便当事人提出申请。对依法不属于复议范围的事项，要认真做好解释、告知工作。加强对复议受理活动的监督，坚决纠正无正当理由不受理复议申请的行为。办理复议案件要深入调查，充分听取各方意见，查明事实、分清是非。注重运用调解、和解方式解决纠纷，调解、和解达不成协议的，要及时依法公正作出复议决定，对违法或者不当的行政行为，该撤销的撤销，该变更的变更，该确认违法的确认违法。行政机关要严格履行行政复议决定，对拒不履行或者无正当理由拖延履行复议决定的，要依法严肃追究有关人员的责任。探索开展相对集中行政复议审理工作，进行行政复议委员会试点。健全行政复议机构，确保复议案件依法由2名以上复议人员办理。建立健全适应复议工作特点的激励机制和经费装备保障机制。完善行政复议与信访的衔接机制。

（3）做好行政应诉工作。完善行政应诉制度，积极配合人民法院的行政审判活动，支持人民法院依法独立行使审判权。对人民法院受理的行政案件，行政机关要依法积极应诉，按规定向人民法院提交作出具体行政行为的依据、证据和其他相关材料。对重大行政诉讼案件，行政机关负责人要主动出庭应诉。尊重并自觉履行人民法院的生效判决、裁定，认真对待人民法院的司法建议。

20. 如何加强组织领导和督促检查

“徒法不能以自行”，加强法治政府建设不是仅仅只落在纸面的文件，而是需要在政府工作当中得到彻底的贯彻落实。因此，必须加强组织领导和督促检查，切实推进依法行政的开展。

（1）健全推进依法行政的领导体制和机制。地方各级人民政府和政府部门都要建立由主要负责人牵头的依法行政领导协调机制，统一领导本地区、本部门推进依法行政工作。县级以上地方人民政府常务会议每年至少听取2次依法行政工作汇报，及时解决本地区依法行政中存在的突出问题，研究部署全面推进依法行政、加强法治政府建设的具体任务和措施。加强对推进依法行政工作的督促指导、监督检查和舆论宣传，对成绩突出的单位和个人按照国家有关规定给予表彰奖励，对工作不力的予以通报批评。加强依法行政工作考核，科学设定考核指标并纳入地方各级人民政府目标考核、绩效考核评价体系，将考核结果作为对政府领导班子和领导干部综合考核评价的重要内容。

（2）强化行政首长作为推进依法行政第一责任人的责任。各级人民政府及其部门要把全面推进依法行政、加强法治政府建设摆在更加突出的位置。行政首长要对本地区、本部门依法行政工作负总责，切实承担起领导责任，将依法行政任务与改革发展稳定任务一起部署、一起落实、一起考核。县级以上地方人民政府每年要向同级党委、人大常委会和上一级人民政府报告推进依法行政情况，政府部门每年要向本级人民政府和上一级人民政府有关部门报告推进依法行政情况。

（3）加强法制机构和队伍建设。县级以上各级人民政府及其部门要充分发挥法制机构在推进依法行政、建设法治政府方面的组织协调和督促指导作用。进一步加强法制机构建设，使法制机构的规格、编制与其承担的职责和任务相适应。要加大对法制干部的培养、使用和交流力度，重视提拔政治素质高、法律素养好、工作能力强的法制干部。政府法制机构及其工作人员要努力提高新形势下做好政府法制工作的能力和水平，努力当好政府或者部门领导在依法行政方面的参谋、助手和顾问。

（4）营造学法遵法守法的良好社会氛围。各级人民政府及其部门要采取各种有效形式深入开展法治宣传教育，精心组织实施普法活动，特别要加强与人民群众生产生活密切相关的法律法规宣传，大力弘扬社会主义法治精神，切实增强公民依法维护权利、自觉履行义务的意识，努力推进法治社会建设。

案例分析 7　某市“城市禁令”是否合法

案　例

2006 年 7 月 29 日某市为了搞“创建”，对卖桃的农民设了“禁令”：没有固定摊位和证件的果民，不允许进城。引起社会反响后，某市才改变了原来的决定，在城区原有农贸市场的基础上，增设 62 个瓜果直销点，免费发放果农进城直销特别许可证，让果农进城搞直销。

就全国情况看，某市的事情并不是孤例。2005年A市规定农用车不许进城，由此导致农民无法进城卖瓜。B市也规定从2005年起全面禁止农用瓜车进入市区，市政府还宣布：农用瓜车强行闯入市区将被处以1500元的罚款，瓜农还有可能遭受拘留15日以下的处罚。2006年C市又提出创建“无摊城市”设想，据此禁止农民当街卖瓜。这些“城市禁令”实施后，周边农区先后出现卖瓜难、卖果难，许多农民“望城兴叹”，只得贱卖农产品。

【解析】

本案涉及如何依法科学民主决策问题。

《立法法》通过一系列的规定，明确了行政机关制定行政法规和规章的权力。根据《立法法》的规定，国务院为执行法律或者履行行政管理职权可以制定行政法规；国务院组成部门、直属机构可以制定部门规章；省、自治区、直辖市和较大的市的人民政府可以制定地方政府规章。这里重点讨论规章和规范性文件。

规章是指上述行政机关或机构根据法律、行政法规和地方性法规制定行政管理方面的规定、办法的总称；行政规范性文件，一般是指行政机关或机构为实施法律、法规或规章而制定的行政管理方面的决定、命令、指示等。行政规范性文件的制定主体有的是各级政府，有的是县级以上各级政府部门。2001年11月国务院发布的《规章制定程序条例》对规章制定的原则、主体和程序等进一步作了具体规范。根据《规章制定程序条例》第三十六条，依法不具有规章制定权的县级以上地方人民政府制定、发布具有普遍约束力的决定、命令，参照本条例规定的程序执行。

在制定规章和规范性文件时，需要遵循以下几项原则，即民主原则、法制统一原则和可操作性原则：第一，民主原则，是指在行政立法和制定规范性文件，要积极听取公众的意见，并且建立起相关的意见采纳和答复机制，在行政立法和制定规范性文件中体现公众的利益需求，维护公众的合法权益。第二，法制统一原则，是指行政立法和制定规范性文件必须要和权力机关制定的法律法规以及上级行政机关的立法保持一致，不同的行政法规范之间都应当协调一致。为了实现这一目标，《立法法》和《规章制定程序条例》对规章进行备案作了专门的规定。第三，可操作性原则，是指制定规章和规范性文件要对法律、法规和规章的实施作出具体的规定，对原则性规定要制定切实可行的实施办法，并对法律、法规的原则性规定和立法意图进行充分体现，从而使法律法规更易于在实践中得到贯彻实施。

在上述案件中，一系列的“城市禁令”有的是省、自治区、直辖市的人民政府制定的地方政府规章，它们是地方政府行使行政立法权的直接结果；但更多的是各级政府或政府部门的规范性文件。那么，这些“城市禁令”究竟合不合法呢？我们知道，农民进城销售农产品，是为了将自己生产的农产品售卖出去，以收回自己的投资、获取差价，来换取生活所必需的物质产品。农民开车进城直销瓜果，确实对城市环境、交通管理带来一定压力，但如果城市管理者按中央的要求，少算“管理账”，多算“统筹账”，就会明白，城市多花的“小钱”、管理上的麻烦，会变成农民增收的“大钱”，让农民得到最大的便利。

城市创建卫生文明城，本来无可厚非，但要看一看是否具备相应的基础。这个基础，不仅是城市财力、设施等“硬件”，还应包括与这座城市发生着越来越紧密联系的广大农民的实际状况。在快速、便捷的农产品流通渠道建立起来之前，以“禁令”为手段刻意追求“创建”，脱离当地实际情况。城市管理者的每一项决策，都应充分考虑群众利益，尤其要把农民利益放在“重中之重”的位置考虑，种种损害农民收益的“城市禁令”都应被取消。

从制定规章和规范性文件的原则上看，这些“城市禁令”，首先要符合民主原则。在制定规章和规范性文件程序中，应当充分听取人民群众的意见，体现制定规章和规范性文件的开放性以及扩大公众的参与，赋予公民、法人和其他组织对制定规章和规范性文件的监督权。同时，也要体现公众的利益诉求，满足人民群众的需要。而在这些案件当中，农民的权利在这些政府规章和规范性文件中体现不够，有的甚至受到限制。因此，对某市的“禁令”，温家宝总理提出了要求认真解决这项关系农民切身利益的问题。随后，某市改变了原来的决定，在城区原有农贸市场的基础上，增设62个瓜果直销点，免费发放果农进城直销特别许可证，让果农进城搞直销。由此解决了农民进城销售农产品的问题，也减轻了城市管理人员进行城市管理执法的压力，缓和了农民和城管执法人员之间的矛盾，可以说是一个“双赢”的做法。

另外，行政机关在制定规章和规范性文件时，要严格遵守《立法法》、《中华人民共和国各级人民代表大会常务委员会监督法》（以下简称《人大常委会监督法》）和《规章制定程序条例》中关于规章备案的规定，接受相应机关的监督。例如，根据《规章制定程序条例》第三十四、第三十五条，规章应自公布之日起30日内由法制机构依法向有关机关备案；国家机关、社会团体、企业事业组织、公民认为规章同法律、行政法规相抵触的，可以向国务院书面提出审查的建议，由国务院法制机构研究处理；国家机关、社会团体、企业事业组织、公民认为较大的市的人民政府规章同法律、行政法规相抵触或违反其他上位法规定的，也可以向本省、自治区人民政府书面提出审查的建议，由本省、自治区人民政府法制机构研究处理。根据《人大常委会监督法》第三十条，县级以上地方各级人民代表大会常务委员会对本级人民政府发布的决定、命令，经审查，认为有下列不适当的情形之一的，有权予以撤销：第一，超越法定权限，限制或者剥夺公民、法人和其他组织的合法权利，或者增加公民、法人和其他组织的义务的。第二，同法律、法规规定相抵触的。第三，有其他不适当的情形，应当予以撤销的。根据《中华人民共和国宪法》（以下简称《宪法》）第一百零八条和《中华人民共和国地方各级人大和地方人民政府组织法》（以下简称《地方组织法》）第五十九条，县级以上的地方各级人民政府领导所属各工作部门和下级人民政府的工作，有权改变或者撤销所属各工作部门的不适当的命令、指示和下级人民政府的不适当的决定、命令。

因此，各级行政机关根据《立法法》和相关规定，在制定有关城市管理的规章和规范性文件时，应接受有关机关的监督。县级以上地方各级人民代表大会常务委员会要加强对本级人民政府发布的有关城市管理的决定、命令的监督审查，对其中超越法定权限，限制或者剥夺公民、法人和其他组织的合法权利，或者增加公民、法人和其他组织的义务的决定、命令，或同法律、法规规定相抵触的决定、命令，应当予以撤销；县级以上的地方各级人民政府对所属各工作部门和下级人民政府制定的超越法定权限，限制或者剥夺公民、法人和其他组织的合法权利，或者增加公民、法人和其他组织的义务的有关城市管理的决定、指示或命令，或同法律、法规规定相抵触的有关城市管理的决定、指示或命令，应当改变或者撤销。另外，根据《行政复议法》，行政机关也可以通过受理行政复议案件的方式，加强对有关具体行政行为涉及的规章以下的有关城市管理的规范性文件的审查。

案例分析8　如何文明执法

案　例

《人民日报》2006年6月4日的头版头条以《长沙推行文明城管让市民舒心》为题报道说，为使城市管理从处罚走向服务，从无序走向和谐，长沙市打破并改革旧的城管体制，致力建设“和谐城管”，积极按照群众要求不断探索创新调整执法工作方式。比如，市民反感城管队员坐车巡查，他们便改为徒步执法或骑自行车；市民反映违章停车锁车轮的方式过于生硬，他们便改为拍照、抄牌、进微机公示；市民建言夜间执法避免扰民，他们便对违规行为采取摄影取证，次日再行处置。他们还把对夜市“游击队员”的堵和罚，改为帮助他们寻找固定经营摊点，使他们“生意好多了”。长沙市的城管部门开始让市民舒心顺气。

【解析】

本案涉及规范公正文明执法问题。

文明执法，就是用文明的方法办理案件，保证执法行为规范化、科学化、人性化，坚决纠正执法中的不文明行为。文明执法不是不敢执法，而是严格、公开、公正执法的表现形式。这就需要把严格执法与文明服务结合起来。处罚只是手段，而不是目的，只有行政管理相对人认识错误、改正错误，并知法、守法，整个城市秩序井然，市民得到舒适的生活环境，这才是行政执法的最终目的。

执法方式作为衡量行政主体执法水平的重要尺度，是一个行政机关及其执法人员法律素质的综合表现。维护并保障广大公民的合法权益是所有执法机关的法定职责，因此，采用什么执法方式更能及时、有效地维护群众的合法权益，势必反映执法者的执法水平。

本案中长沙市城市管理部门的执法工作既达到了执法目的，又赢得了群众的理解和支持，其关键在于他们能够从切实保障群众的合法权益出发，积极主动地按照群众的意见和要求调整执法方式，改进执法手段。从这个案例可以得到以下启示：

（1）行政执法必须坚持以人为本，实施人性化执法。要以“权为民所用，情为民所系，利为民所谋”作为执法根本，努力体现在文明执法中。行政执法人员要注意把自己的一言一行、一举一动与广大群众的利益相联系，在态度上热情温和，在语言上规范准确，在行动上合法得当，杜绝执法中的违法现象和粗暴行为，切实做到文明管理、热情服务、以理服人、以情感人。

（2）严格规范执法程序。行政执法工作，不仅要严格遵守实体性法律规定，而且要严格遵守程序性规定。执法人员有了良好的程序意识，行政执法机关的执法行为才能规范，执法过程才能真正符合法律要求。而且，在查处违法、违章行为时，应当多运用宣传、教育的方式，做到文明用语在先、亮明身份在先、指明违法事实在先、权利告知在先，在工作上充满服务热情，在环节上规范清晰，才能使违法者心悦诚服，减少行政执法工作的阻力。

(3) 端正服务意识。要培养行政执法人员的服务意识，提高他们对国家法律的忠诚信仰、对人民群众的深厚感情、对工作的执著追求。有了这种观念，行政执法人员才能处处为群众着想，时时为群众负责，这有利于减少被管理者的对立情绪，形成执法的和谐氛围。

(4) 加大宣传力度，营造良好执法环境。行政执法工作要赢得群众的理解和支持，必须通过各种渠道加大对行政执法相关法律法规的宣传，加大对行政执法意义的宣传，加大行政执法队伍先进典型的宣传。通过宣传教育提高市民的守法意识，培养市民的遵纪守法意识，增强市民的参与意识，以此为文明执法创造一个良好的外部环境。

(5) 加强执法监督。行政执法工作是国家行政机关依法履行自身行政管理职能的重要表现形式，也是现代行政法制度的一项重要内容。由于行政执法在行政法上直接涉及相关的行政相对人的合法权益，所以，为了保证行政执法工作的合法性、合理性，必须建立健全相应的监督制度。

案例分析 9　某市城管执法局强令冷饮摊主统一购置冰柜是否正确

案　例

2007 年 6 月，某市城市管理行政执法局下发了《关于规范沿街摊点的通知》。接到通知后，该市七里河区城市管理行政执法局认为，长期以来冷饮摊点缺乏有效管理，店外店、占道经营等现象屡禁不止，同时，冷饮摊点的随意性也影响到市容的美观。为了美化市容，执法局决定统一冷饮摊点的冰柜、推车、服装及其他设施，遂通知该辖区××路上所有冷饮摊户，要求所有的冷饮摊点交纳 3558 元的费用，统一新配冰柜及其他设施，如果不交钱购买新的设备，将取缔摊点。

【解析】

本案涉及如何正确行使行政职权问题。

行政职权是国家行政权的转化形式，是行政主体实施国家行政管理活动的资格及权能，一般分为固有职权和授予职权两大类。前者以行政主体的设立而产生，并随行政主体的消灭而消灭；后者来自于法律、法规或有权机关的授权行为。固有职权主要赋予行政机关，授予职权主要授予行政机构、事业单位和其他社会组织。授予职权既可因法律、法规的修改、废止或授权机关撤回授权而消灭，也可因被授权组织的消灭而消灭。

行政职权作为行政权的法律表现形式，除了具有权力的一般属性，如强制性、命令性、执行性等以外，还具有以下特征：第一，公益性。即行使行政职权的目的是为了社会公益。第二，优益性。为了有效地维护公共利益，法律往往要确立行政主体有效行使行政职权的保障条件，包括职务上的优先权和物质上的受益权。前者指国家为保障行政主体有效地行使行政职权而赋予行政主体在履行职务上的优先条件，即行政权与其他社会组织及公民个人的权利在同一领域或同一范围内相遇时，行政权具有优先行使和实现的效力，包括先行处置权、获得社会协助权等。后者指国家为保证行政主体有效行使行政职权而向它提供的各种物质保障条件。第三，支配性。即指行政职权对行政相对人的可支配性。第四，限制性。行政职权是权力和职责的统一。一方面，行政职权只有在符合法定条件时才能转移，如授权和委托；另一方面，行政职权不得随意放弃或抛弃。

根据宪法和组织法的有关规定，行政主体的职权一般有下面几类：第一，行政立法权。它是指根据宪法和法律规定，行政主体有制定和发布行政法规、行政规章及其他规范性文件的权力。但并不是所有行政主体都享有行政立法权。行政主体的立法权是准立法权，它必须根据法律行使，其内容不得与法律相抵触。第二，行政处理权。即行政主体实施行政管理，对涉及特定行政相对人的权利、义务作出处理的权力，包括行政许可、行政征收、行政给付等权力。第三，行政命令权。即在国家行政管理过程中，行政主体通过书面的或口头的行政决定，依法要求特定的人或不特定的行政相对人作出一定行为或不作出一定行为，而相对人必须服从的权力。每一项命令的直接结果，产生一项或数项具体的行政法律关系。第四，行政监督权。即行政主体为保证行政管理目标的实现，依法对相对人履行法定义务的情况进行监督检查的权力。第五，行政强制权。即行政主体对相对人依法采取强制措施的权力。包括即时强制权和强制执行权，如强制划拨、强制拆除等。第六，行政处罚权。即行政主体对其所管辖范围内的行政相对人违反有关行政法律规范的行为（包括某些未依法履行义务的行为），依法实施处罚等法律制裁的权力。根据《行政处罚法》规定，行政主体可实施申诫罚、财产罚、行为罚和人身罚等行政处罚行为。第七，行政司法权。即行政主体作为第三人，对一定的行政纠纷或民事纠纷进行裁判处理的权力，包括行政调解权、行政裁决权和行政复议权等。

在此案中，第一，七里河区城市管理行政执法局超越了它的职权范围。其行政职权的范围要求它只能是规范摊点，包括规范摊点的布局、卫生及合法经营等，但不能直接参与摊点的具体经营，摊主选择什么样的冰柜应由摊主自己决定。第二，作为政府部门，执法局不能代表经营业主去选择冰柜，如果购买，应该由经营业主和厂家洽谈，或通过公开招标的形式以降低冰柜的价格。执法局的做法剥夺了经营户的自主选择权。第三，规范经营不等于统一新配冰柜，执法局的这种做法缺乏法律依据。第四，执法局指定由某一企业统一供货，严重违反了《中华人民共和国反不正当竞争法》（以下简称《反不正当竞争法》）的相关规定，这种做法最终会导致利益矛盾的冲突，只能加深经营业主与政府部门的矛盾，对整个市场的发展造成不利影响。第五，七里河区城市管理行政执法局通知统一配冰柜、遮阳伞及推车等设备，须交纳3558元的费用，增加了相对人的义务，实际上也违反了行政合法性原则。

案例分析10　行政机关如何可以称之为尽到行政职责

案　例

某县有两个诸多方面条件差不多的乡，一个叫富仁乡，另一个叫司竹乡，这两个乡都在20世纪90年代初期靠种苹果树走上脱贫致富道路，受益的农民对苹果种植的发展前景深信不疑，都欲加大相关投入。但是，通过多种渠道，两个乡的政府部门都了解到，全国市场对苹果的需求量已近饱和，如果当地还继续加大或维持对苹果种植的投入将会有不良后果。因此，两个乡的政府部门都认为应当尽快调整农业产品结构，开辟新的经济增长点，比如目前很有市场前景的猕猴桃种植。但由于当地农民群众对市场信息了解不足，也缺乏相关农业新技术，加之看重眼前利益，所以仍一门心思全力以赴继续加大对苹果种植的投入。在这种情况下，富仁乡领导班子尽管也预见到了即将出现的危机，但由于思想上存在某些误区，以为搞市场经济就是政府不干预经济，于是采取放任不管的态度，任由农民去继续大力发展苹果树。相比之下，司竹乡领导班子则认为自己有责任和条件引导农民避免或减少风险，农民的生产活动该干预时还得干预，但不能像传统计划经济时代那样搞瞎指挥。于是他们积极采取劝告、建议、示范、鼓励、技术指导、提供信息等行政指导方式引导农民尽快调整产品结构，改变原先单一的水果种植方式。经过不断努力，很快得到农民群众的理解和采纳，果断停止了对苹果种植的投入，转而大面积改种猕猴桃树。其产品结构调整措施使得农民躲过了随后而来的“苹果大烂市”的巨大市场灾难，促进了当地农村经济的稳健发展。

【解析】

本案涉及政府行为模式问题。

行政职责是指行政主体在行政活动中所必须遵守和履行的法定义务，它是与行政职权相伴而生的。其法理基础在于，它是行政主体所要履行的行政职能和公共利益的要求，也是行政法治原则的要求。具体表现为完成行政工作中法定任务的义务和遵守法律、法规的义务。

随着社会经济生活和行政法治理论的发展，现在人们越来越认识到，政府对社会经济生活或是发号施令瞎指挥，或是撒手不管的“无为而治”的极端行为都走入了误区。前者是传统计划经济的弊端，后者是早期资本主义自由放任阶段的做法。在现代市场经济条件下和信息社会中，政府行为模式应当有新的选择，即采用一种更符合经济与社会发展客观要求和民主法治原则的行政干预模式，这就是包含行政指导要素在内的现代民主行政、法治行政和责任行政模式。

结合本案所涉及的行政机关的行政指导职责来看，上述两个乡政府不同选择带来的不同结果，为这个问题作了很好的注解。富仁乡的果农完全有理由对乡政府的失职行为作出否定评价。“是任由农民继续种苹果树，还是指导农民改种猕猴桃树?”这个具体的问题当然不仅仅只有具体的意义。这不仅仅是我们经常要遇到的问题，更应启发政府深入思考如何更科学和实际地履行其行政职责。

案例分析 11　卫生防疫站对张某和面包厂的不同处理是否正确

案　例

2000 年 10 月 15 日，某市卫生防疫站的工作人员王某到糕点加工个体户张某的糕点加工房进行食品卫生检查，发现有多处不符合食品卫生标准。对此，卫生防疫站的工作人员王某作了食品卫生检查记录，并提出“限三天改进，罚款人民币 300 元”的处理意见。张某当场签字后，王某扣留了张某的卫生许可证。10 月 18 日，卫生防疫站对张某作出了处罚决定书，并当天送达张某。张某在 10 月 19 日向市卫生防疫站缴纳罚款 300 元。两天后，卫生防疫站再次派人到张某的糕点加工房进行检查，认为仍不符合要求，遂未将卫生许可证发还给张某，要求张某继续改进。张某对此不服，认为市卫生防疫站的行政处罚对事实的认定不准确，处罚过重，扣留卫生许可证没有法律依据，于是向直接主管市卫生防疫站的市卫生局申请复议，并提出与自己相邻的一家面包厂存在同样的问题，而卫生防疫站检查后却没有作出任何处理，原因是该面包厂的厂长李某与卫生防疫站的工作人员王某是战友。张某要求卫生防疫站对同样的问题作出同样的处理，不能包庇违法行为。

【解析】

本案涉及行政法上的公平、公正原则。

公平原则的基本内涵是同等情况同等对待，不同情况区别对待，国家不得任意对行政管理相对人实施差别待遇。公平原则广泛适用于政府立法、行政执法以及行政救济等行政法领域。在政府立法领域，经常发生的情形是：通过归类，政府立法对在特定范围之内和特定范围之外的人们赋予不同的权利，课以不同的义务。这样，分类不合理的法律本身就可能不平等。因此，政府立法时应对它调整的对象进行合理分类，防止立法过程中因分类不合理而产生歧视。在行政执法领域中，不少法律规范仅对行政机关的行为目的、范围作原则性规定，行为的具体条件、标准、幅度方式都由行政机关自由裁量。如此一来，即使法律本身没有任何“法律”或“事实”歧视，行政机关仍然存在以“歧视”方式来适用法律的情况。因而，这个平等必须超越形式意义上的平等，它不能仅要求机械的、形式的、不容有差别待遇的平等；而应从动态的、实质的观点出发，基于“正义”理念的要求，允许存在合理的差别。亦即自由裁量权的行使不是说事实上某些不同，即必为不同的处理，而是在“事实不同”与处理不同之间有某种内在的联系。

行政机关公正地行使行政权力，对于行政机关而言，是树立权威的源泉，对于行政管理相对人来说，是信任行政权的基础。公正原则主要是针对行政自由裁量权，要求行政机关在实施行政管理时，要公正地行使行政权。它包括以下几个方面的内容：第一，行政机关行使行政权力，要以事实为根据，以法律为准绳，当事人在行政程序中的法律地位平等。第二，行政机关在作出行政处理决定时不能考虑不相关的因素，也不能不考虑相关的因素。不能在未事先听取相对人陈述、申辩意见的情况下作出对相对人不利的行为。第三，行政机关工作人员与其所处理的行政事务存在可能影响程序公正进行的利害关系时，应当回避。回避制度是避免偏私、达到公正最好的制度。

本案中卫生防疫站将张某糕点加工房和面包厂的相同行为区别对待，不符合行政法上的公平原则，这种做法是错误的。张某的糕点加工房有多处不符合食品卫生标准，理应依法受到相应的行政处罚；而与糕点加工房相邻的一家面包厂也存在同样的问题，卫生防疫站检查后却没有作出任何处理，只是因为该面包厂的厂长李某与卫生防疫站的工作人员王某是战友。由此可见，卫生防疫站工作人员考虑了不应当考虑的因素，即面包厂的厂长李某与自己曾经是战友。所以说，本案中卫生防疫站对张某糕点加工房和面包厂的处理属于同等问题不同等对待，违反了行政法上的公平原则。此外，本案中卫生防疫站工作人员王某扣留张某的卫生许可证的做法没有法律依据，属于超越职权的行为，复议机关应当予以撤销。

案例分析 12 某市财政局对蒋某申请行政公开的应对是否适当

案 例

2006年4月3日，湖南省某市农民蒋某以一个普通纳税人的身份，以“财政局超预算、超编制购买豪华轿车”为由，将该市财政局告上法庭。在该年1月18日，蒋某从一位县人大代表处听说某市财政局去年“违法购买了两辆小车”一事后，当即给市财政局寄去了《关于要求某市财政局对违法购车进行答复的申请》，认为财政局的湘D72783号别克牌小车和湘D72583蒙迪欧牌小车是违法所购，是对纳税人的钱的不当利用。依据《宪法》有关规定，他有权要求财政局将对此事的处理情况给予答复。2月16日，财政局党组成员、纪检组长雷某一行专程到了蒋某家里，对他的申请材料进行了简单的面对面答复。

但是，蒋某对雷某的答复不满意，于4月3日将一纸诉状递到某市人民法院，提出了三条诉讼请求：第一，确定被告拒不履行处理单位违法购车和给原告答复的法定职责行为违法；第二，确认被告在2005年超政府预算超政府小车编制购买两辆豪华轿车，滥用国家税款侵害纳税人合法权利的行为违法；第三，依法将违法购置的轿车收归国库，维护财政“管家”的职责。

4月10日，经审查，某市人民法院立案庭作出了《行政裁定书》并送达蒋某。《行政裁定书》说“起诉人蒋某所诉事项不属于人民法院行政诉讼受案范围，不符合起诉条件，故法院不予受理。”

【解析】

本案涉及行政公开原则。

行政公开原则，作为对公民知情权的保障，是行政活动公开化在行政程序上的体现。行政公开原则的最重要的依据来源于我国《宪法》第二十七条的规定："一切国家机关和国家工作人员必须依靠人民的支持，经常同人民保持联系，倾听人民的意见和建议，接受人民监督，努力为人民服务。"公开各项行政活动是接受人民群众监督的前提条件，也是行政机关及其工作人员的工作准则。一般说来，行政活动公开是指政府行政机关及行政机关工作人员依照法律、法规、规章的规定，通过各种媒介和手段向社会公开自己的行政职责范围、行政内容、行政标准、行政程序、行政时限和结果、奖惩办法、监督手段以及工作纪律等，从而自觉接受立法机关、司法机关、其他行政机关以及社会各界的监督，达到行政公正、廉洁、法治、民主的目的。在现代社会，信息逐渐成为人们赖以生存和发展的重要资源，在社会生活中发挥着巨大的作用。公民希望得到更多的信息指导自己的生活，必然要求信息资源的主要管理者（即政府）及时全面地公开信息。而从政府的角度来说，由于现代社会政府管理环境日益复杂，政府管理所需信息更新速度加快，与公众实现良好而有效的信息沟通不仅是对公民知情权的回应，而且也是其作出决策、对社会公共事务进行高效管理所必需的。基于以上两个方面的要求，行政公开就成为了政府行为所要遵循的重要原则之一。当前，随着社会主义市场经济的发展和我国行政体制改革的推进，行政活动公开的重要性日益突显出来。行政活动公开在我国行政建设中发挥着重要作用，行政公开原则理应成为行政法基本原则。并且，行政公开不只是适用于外部行政行为领域，而且应广泛适用于行政法各领域，包括行政组织法、行政行为法、行政程序法、广义的行政监督法及行政救济法领域。

更为重要的是，行政活动公开是廉政建设的关键，行政公开的关键在于它是防止腐败最好的防腐剂。不公开不透明的暗箱操作既是滋生巨大腐败的温床，使得权力的黑手在许多环节上有机可乘，也是引发行政相对人不满的直接原因。而贯彻行政公开原则，可以将政府的所作所为公开出来，防止行政机关工作人员利用职权索贿受贿、谋取权利，从而推动廉政建设。行政活动公开不仅是行政机关工作方式、方法的调整和改变，而且是加强廉政建设、民主建设、法治建设的一项方向性、战略性的治本之策。与此同时，行政机关可以通过行政听证、社会服务承诺、行政公示等制度，辅以信访、调研、测评等工作方法来实现公民的知情权，让公民广泛参与到行政管理活动中来，对行政执法者的行为进行监督，从而做到行政机关之间、行政机关与工作人员之间、行政机关与公民之间的协调，实现他们相互之间的信息交流。如果封闭行政系统，行政机关之间、公民与行政机关之间就无法实现良好的信息交流，将大大增加行政活动的实施难度和实施成本，极大地降低行政效率，甚至容易激化干群矛盾，影响社会和谐。

本案原告蒋某起诉后，某市财政局局长周某在接受报社记者采访时表达了自己的不满。他声称，蒋某的这种起诉应该是没有道理的，如果每个人都起诉，那岂不是给购车的单位带来很多的麻烦？他同时质疑蒋某是否具有纳税人的资格，他认为蒋某一个人缴的税根本不够买一台车。某市人民法院的裁定以及财政局长无知的质疑，让我们看到了我国财政体系中，各方主体权利义务失衡的真实现状。纳税人并不知情也无权干涉税款去向，对滥用税款的行为提起诉讼却因不具有诉讼主体资格而被裁定驳回。不管结果如何，这起诉讼都将成为一个标志性事件。因为，它不仅最直观地反映了公民作为纳税人权利意识的觉醒，也开启了公民呼唤知情权保护并依法监督政府机关的一个先河。这也将成为行政机关反思自己为人民服务意识，尊重公民知情权，提高自身工作的透明度，促进依法行政，充分发挥政府信息对人民群众生产、生活和经济社会活动的服务作用的一个契机。

第三章　行政行为与行政程序概述

21. 什么是行政行为

行政行为是指行政主体在实施行政管理活动、行使行政职权过程中所作出的具有法律意义的行为。行政行为作为行政主体实施国家行政管理的手段和方式，与其他行为相比，主要特点是：第一，行政行为是行政主体所作出的行为。这是行政行为的主体要素。如果是行政主体以外的其他国家机关或其他社会组织，在无行政主体依法委托下所作出的行为，不能认为是行政行为。第二，行政行为是行政主体行使行政职权、履行行政职责的行为。这是行政行为的职权、职责要素。国家因管理的需要，以法律的形式赋予了行政主体特定的行政职权和职责，这是国家公共权力的表现。第三，行政行为是具有法律意义的行为。这是行政行为在法律后果上的特征。行政行为是行政主体行使行政职权、履行行政职责的法律行为，行政主体通过这种行为产生、变更或消灭一定的行政法律关系，使得行政主体与行政相对人之间的权利义务关系发生相应的变化。

行政行为的主要内容包括：第一，赋予权益或课以义务。赋予一定的权益，是指行政主体通过行政行为规定和确立行政主体与行政相对人各自应当具有的权利；课以义务是指行政主体通过一定的行政行为命令行政相对人为一定行为或不为一定行为。第二，剥夺权益或免除义务。剥夺权益是指行政主体使行政相对人原有的法律上的权能或权益丧失，也即是取消某种法律地位，解除已经存在的法律关系；免除义务表现为对行政相对人原有义务的一种解除。第三，变更法律地位。这是行政行为对行政相对人原有的法律地位的一种改变。第四，确认法律事实。这是指行政主体通过某种行政行为的行使来认定与某种权利义务有重要关系的法律事实。第五，确认法律地位。这是指行政主体通过行政行为对某种法律关系是否存在及存在范围的认定。

22. 什么是具体行政行为和抽象行政行为

行政行为分为具体行政行为和抽象行政行为。

具体行政行为是指国家行政机关、法律法规授权的组织、行政机关委托的组织以及这些组织中的工作人员，在行政管理活动中行使行政职权，针对特定的公民、法人或者其他组织，就特定的具体事项，作出的有关该公民、法人或者其他组织权利义务的单方行为。抽象行政行为是指行政机关针对不特定相对人制定的具有约束力并且可以反复适用的规范性文件的行为。它包括了行政机关制定的行政法规、行政规章和其他具有普遍约束力的一切规范性文件的活动。

具体行政行为与抽象行政行为虽然都属于行政行为，但二者也存在本质区别，表现在：第一，实施行政行为的主体不同。实施具体行政行为的主体是各级行政机关及其委托的组织；而实施抽象行政行为的主体只能是具有准立法权的行政机关。第二，具体行政行为可以引起行政诉讼；而抽象行政行为不能成为行政诉讼的直接对象。第三，抽象行政行为的对象的普遍性、不特定性，抽象行政行为的反复适用性以及抽象行政行为效力的后及性、持续性，这些特点是具体行政行为所不具有的。

23. 行政机关作出行政行为后会产生哪些法律效果

行政行为成立后对行政主体、行政相对人等主体都会产生相应的法律效力，被称之为行政行为的效力。一般具有下列效力：（1）确定力。确定力指一个行政行为既经颁布之后产生了拘束力，在未经有权机关撤销之前，即享有存续效果。对于行政主体来说，非依法定理由和程序，不得随意改变或撤销其行政内容；对于行政相对人来说，不得否认行政行为的内容或随意改变行政行为的内容，只能依法请求改变行政行为。（2）拘束力。拘束力是指行政行为成立后，其内容对行政主体及行政相对人各方都具有拘束力，任何一方都必须遵守、服从。（3）公定力。行政行为一经成立，不管合法与否，就产生一种拘束所有机关、组织或个人的效力，在未经有权机关撤销之前，都推定为合法有效。（4）执行力。执行力是指行政行为生效后，行政行为的内容应当予以实现。这里的实现既可能是行政相对人自己主动履行行为内容，也有可能是行政主体通过一定的手段实现其行为内容。

24. 符合哪些条件的行政行为才是合法有效的行政行为

行政行为要发生法律效果必须具备一定的条件。这些条件包括：第一，主体合法。这是指实施行政行为的组织必须具有行政主体资格，能以自己的名义独立承担法律责任。行为主体的合法应包括：行政机关合法、人员合法、委托合法。第二，权限合法。这是指行政行为主体必须在法定的职权范围内实施行政行为。超出这个权限实施行政行为不仅会造成整个政府权力运作的紊乱，还会损害相对人的合法权益。行政职权的限制表现在：行政事项管辖权的限制、行政地域管辖权的限制、时间管辖权的限制、手段上的限制、程度上的限制、条件上的限制、委托权限的限制。第三，内容合法。这是指行政行为所涉及到的权利、义务以及对这些权利、义务的影响或处理，均应符合法律、法规的规定和社会公共利益。行政行为内容合法包括：符合法律、法规的规定，符合法定幅度、范围，内容必须明确具体、适当、公正、合理。第四，程序和形式合法。这是指行政主体做出的行政行为必须符合法定程序和具备法定的形式。

25. 行政行为的撤销条件是什么

行政行为的撤销，是在其具备可撤销的情形下，由有权国家机关作出撤销决定后而使之失去法律效力。行政行为撤销的条件包括：（1）行政行为合法要件缺损。合法的行政行为必须具备主体合法、内容合法、程序和形式合法。某种行政行为如果缺损其中一个或一个以上要件，该行政行为就是可被撤销的行政行为。（2）行政行为不适当。“不适当”，是指行政行为具有不合理、不公正、不符合现行政策、不合时宜、不合乎有关善良风俗习惯等情形。

26. 行政行为的废止条件是什么

行政行为具有确定力，一经作出即不得随意废止，只在具有某些法定情形的条件下，才能依法定程序予以废止。行政行为废止的条件包括：

（1）行政行为所依据的法律、法规、规章、政策经有权机关依法修改、废止或撤销，相应行为如继续实施，则与新的法律、法规、规章、政策相抵触。

（2）国际国内或行政主体所在地区的形势发生重大变化，原行政行为的继续存在将有碍社会政治、经济、文化的发展，甚至给国家和社会利益造成重大损失。

（3）行政行为已完成原定目标、任务，实现了国家的行政管理目的，从而没有继续存在的必要。

27. 什么是行政立法

行政立法是指国家行政机关依法定权限和法定程序制定行政法规、规章的活动。我国的行政立法既包括接受特别授权进行的立法，也包括根据宪法和有关组织法的规定制定行政法规和规章的活动。行政立法的特点是：第一，行政立法是指行政机关依据法定职权、按照法定程序制定行政法规、行政规章的活动。其立法活动的主体是行政机关。第二，行政立法属于法的范畴，具有法的基本特征：普遍性、规范性和强制性。所谓普遍性指行政立法的内容不是针对某一特定个人、某一特定事件或一次适用，而是针对非特定人，非特定事且能够多次适用。第三，行政立法必须遵循行政立法程序。行政机关制定行政法规和规章必须经过立项、起草、征求意见、会议审议和通过、签署、公布等行政立法程序。第四，行政立法所调整的对象主要是行政管理事务或与行政管理有关的事务。第五，行政立法的主要目的是实施和执行权力机关制定的法律，实现行政管理职能。

根据《立法法》的规定，国务院为执行法律或者履行行政管理职权可以制定行政法规；国务院组成部门、直属机构可以制定部门规章；省、自治区、直辖市和较大的市的人民政府可以制定地方政府规章。规章是指上述行政机关或机构根据法律、行政法规和地方性法规制定行政管理方面的规定、办法的总称。

28. 行政解释的主体有哪些

抽象行政行为中行政解释的主体主要有：

（1）对法律的解释。对法律的立法解释由全国人大常委会进行；对不属审判、检察工作中具体应用法律的问题，由国务院及主管部门解释。

（2）对行政法规的解释。凡属于行政法规条文本身需要进一步明确界定或作补充规定的问题，由国务院作出解释；凡属行政工作中具体应用行政法规的问题，由相关行政主管部门在职权范围内解释；相关行政主管部门解释有困难，或其他有关部门对其作出的解释有不同意见，需要国务院解释的，由国务院法制办公室承办，其中涉及重大问题的，由国务院法制办公室提出意见，报国务院同意后作出解释。

（3）对地方性法规的解释。对地方性法规的立法解释，由省级人大及其常委会进行；凡属于地方性法规如何具体应用的问题，由省、自治区、直辖市人民政府主管部门进行解释。

（4）对国务院、国务院办公厅的规范性文件的解释。凡属国务院、国务院办公厅有关贯彻实施法律、行政法规的规范性文件的解释问题，由国务院法制办公室承办，其中涉及重大问题的，由国务院法制办公室提出意见，报国务院同意后作出解释。

29. 什么是行政程序

行政程序是指行政主体的行政行为在时间和空间上的表现形式，即指行政行为所遵循的方式、步骤、顺序以及时限的总和。行政程序对于维护行政过程的合法性、合理性和保证相对人在行政过程中的权利具有十分重要的意义。行政程序法律化是依法治国的基本要求，也是我国行政法治发展的必然趋势。

推进行政程序法律化的发展，首先需要解决的问题是行政程序的基本原则，主要包括以下内容：

（1）程序公正原则。程序公正原则是指行政程序的设定和适用应当符合公平公正的观念，排除和避免可能影响行政主体公正行使行政权力的各种因素，使行政相对人受到公正的对待。法律的正义只有通过公正的程序才能得到真正的实现。

（2）程序法定原则。行政程序是行政机关在实施行政行为过程中所必须遵循的准则，是规范行政行为，有效实施行政管理，保障公民、法人和其他组织的合法权益，而由法律、法规以及规章规定的公正而民主的程序。它要求行政主体在行政活动中必须按照国家法律法规的规定来进行，即使在法律没有明文规定的情况下，也要遵循一定的程序和原则，以合理、公正的方式进行。

（3）程序效率原则。效率原则是指行政程序的设立和适用应当有利于保证行政管理活动的效率，在保障相对方合法权益和确保行政公正合理的同时，尽量减少不必要的或繁琐的环节、手续，以加快行政系统的运转速度，提高行政活动的效率。

（4）相对方参与原则。相对方参与原则是指行政相对方在程序上有知道有关自己权益的行政行为的权利。行政法的终极目的在于保护行政相对方的合法权益，保证行政权的公正行使，所以必须坚决贯彻相对方参与原则，保证行政法目的得以实现。

（5）程序公开原则。公开原则是指重大的行政行为，尤其是与公民权利义务直接相关的行政行为，如制定行政规范、做出行政处理决定和处罚决定、实施强制执行以及实施行政司法行为等，均要通过一定的行政程序让公民了解。公开原则是政府活动公开化在行政程序上的具体化，是公民参政权的延伸。行政行为的公开将提高公民对行政机关的信任度，使公民能够监督行政机关及其工作人员是否依法行政，从而帮助行政机关克服官僚主义，同时也是保障公民知情权的体现。

30. 行政程序有哪些基本制度

行政程序的主要制度包括：

（1）行政公开制度。现代法治国家的基本原则之一是依法行政，依法行政的内在要求之一是行政公开。行政公开制度的确立和完善是我国推行依法行政治国方略的必然趋势，更是实现公开行政程序的前提和基础。作为行政主体，行政机关有责任和义务通过一定途径和手段使公众了解行政机关的有关行政法规、基本政策，根据行政相对方的要求提供有关档案材料。

（2）公开调查制度。为确保公共利益的实现和维护行政相对方的合法权益，行政主体在作出某种具体行政行为时，要全面地、客观地、公开地进行调查和取证。

（3）通知制度。即行政机关在实施行政行为或行政管理时，应该依法将需要当事人了解的有关事项告知当事人。

（4）说明理由制度。即行政机关在作出影响当事人权利义务的决定时，要说明这样做的事实原因和法律依据。

（5）听证制度。即指行政主体在制定规范性文件、作出公共决策或作出某项行政决定时，听取行政相对人或利害关系人意见的制度。听证作为行政程序中的一项核心内容，是行政程序实现公平、公正、公开理念的有效保障。

（6）时效制度。时效制度也称期间制度，是指行政行为的全过程或其各个阶段应受到法定时间限制的制度。这是保障行政效率，增强行政行为的可预期性，防止行政许可机关以拖延时日的方式侵害相对方利益的根本制度。时效制度包含两方面的要求：一是行政主体在法定期限内如不行使职权，在法定期限届满后不得再行使，同时应承担相应的行政责任；二是行政相对人在法定期限内如不行使权利，即丧失了相应的权利，并承担相应的法律后果。

（7）职能分离制度。为了加强对行政权的制约和防止行政机关工作人员徇私舞弊侵犯行政相对方的合法权益，将行政机关内的某些相互联系的职能予以分离。

(8) 辩论制度。即在行政机关裁决当事人之间的争议时，应通知当事人到场，听取其对争议问题或证据的辩论。行政机关在听取辩论的基础上，依法作出裁决。

(9) 回避制度。在行政程序中，同行政相对方或行政事项有利害关系的公务员必须避免参与有关行政行为，以确保行政行为形式上的公正性。行政程序当中的回避属于公务回避，具体要求公务员执行职务时，涉及本人或者本人配偶、直系血亲、三代以内旁系血亲以及近姻亲利害关系的，或者具有其他可能影响公正执行公务情形的，应当回避。除此之外，行政法还规定了其他两种与公务员有关的回避。一是任职回避，又称职务回避，是指对有法定亲情关系的公务员，在担任某些关系比较密切的职务方面做出的限制；二是地域回避，指公务员担任乡级机关、县级机关及其有关部门主要领导职务的，应当实行地域回避，法律另有规定的除外。

(10) 行政救济制度。是在行政相对方对行政机关作出的决定不服，复议机关和司法机关应当为其提供申请复议、提起诉讼、申诉等获得行政救济的途径和机会，为公民的合法权益提供法律保护，以此来消除行政权力运作所产生的消极后果，调整政府与公民之间的关系，平衡和协调行政权力和公民权利，以维护正常的行政法律秩序。

(11) 案卷制度。案卷制度是指行政主体的行政行为所依据的证据、记录和法律文书等，应根据一定的顺序形成书面材料，从而便于相对人接受，也为日后可能出现的行政救济提供相关的事实根据和材料。

案例分析 13 铁道部的《通知》的性质属于抽象行政行为还是具体行政行为

案 例

1999 年 11 月，国家铁道部向国家计委上报，拟定对部分旅客列车实行政府指导价，其中包括在春运期间实行票价上浮的有关实施方案，如涨价起止时间、涉及的铁路局、涨价条件及幅度等。2000 年 11 月 8 日，国家计委依据国务院的授权，批准了铁道部的上述实施方案。2000 年 12 月 21 日，铁道部根据国家计委批复作出《通知》。该《通知》确定 2001 年春节前 10 天

（即1月13日至1月22日）及春节后23天（即1月26日至2月17日）北京铁路局、上海铁路局、广州铁路（集团）公司等始发的部分直通列车实行票价上浮20%～30%。为此，乔某于2001年1月17日、22日分别购买的2069次列车到磁县、邯郸的车票共计多支付9元。乔某认为，铁道部的《通知》违反法定程序。依据《中华人民共和国铁路法》（以下简称《铁路法》）、《中华人民共和国价格法》（以下简称《价格法》）有关规定，制定火车票价应报经国务院批准，而铁路部未经该程序审批。同时，根据《价格法》有关规定，票价上浮应召开价格听证会，而铁路部未召开听证会。随后，乔某向法院起诉，请求判决撤销该《通知》。

【解析】

本案涉及具体行政行为和抽象行政行为辨别问题。

根据《行政诉讼法》第十二条的规定，抽象行政行为不属于行政诉讼的受案范围。所以，本案中，确定《通知》的性质就关系到乔某的诉讼请求能否被法院受理的问题。所谓抽象行政行为是指行政机关对不特定多数人制定的，具有普遍约束力的行为规则。所以，区分抽象行政行为和具体行政行为的关键在于：一是否针对特定的对象，针对特定对象的就是具体行政行为，针对不特定对象的就是抽象行政行为；二是否能够反复适用，能够反复适用的是抽象行政行为，只能适用一次的是具体行政行为。

从本案的情况来看，铁道部的《通知》属于具体行政行为，原因在于：第一，从行为形式上看，《通知》是明确针对6个铁路局发布的，这在数量上和对象上都是明确的和特定的。第二，从行为所指向的对象性质上看，根据我国《铁路法》的有关规定，我国现行的铁路体制为：铁道部是全国铁路行政管理机关，地方政府是地方铁路行政管理机关，各地方铁路局或铁路集团公司则是铁路运输经营企业，不应属于地方铁路行政管理机关。因此，铁路局或铁路集团公司并不是《通知》行为的执行人，更不是作出该行政行为的主体之一，而是该行政行为的相对人。第三，从行为的性质上看，《通知》实际上是铁道部作为铁路行政管理部门允许部分铁路企业分别在春节前后特定时间段上浮部分客运价格，以及指导如何上浮等具体规定，该行为从性质上看应认定是一种行政执法行为，而不是具有普遍约束力的行政立法行为。第四，从行为效力上看，《通知》首先是对铁路企业的运输经营产生实际影响的行为。由于铁路客运价格关系国家整体利益和广大群众切身利益，故国家依法将其纳入国家定价包括国家指导价范畴，铁路企业不得自行制定和调整客运价格。因此，《通知》首先是对铁路企业的运输经营产生实际影响的行为，这正是具体行政行为的特征。第五，《通知》是一个整体的决定，该决定涉及的行为虽然具有时间段，但该决定的执行是通过一次性行为完成的。在该时间段中，此涨价行为是持续有效的，这种持续性并不意味着在落实该决定时表现为每天甚至每次的反复适用，各铁路企业在经营过程中并不是反复适用该通知。

综上所述，铁道部的《通知》属于具体行政行为，属于行政诉讼的受案范围。

案例分析 14　行政规章的制定应当遵循依法行政的哪些要求

案　例

某市一位律师李某因为代理案件需要，持律师事务所的介绍信，往该市A区国土资源局查阅某地块登记资料。该局工作人员告知李某必须凭法院案件受理通知书才能给予查阅。李某向工作人员解释，因其所代理的案件是一起申诉案件，必须先取得必要证据之后，才能争取法院立案，而不能相反。该局工作人员认为不能给李某查询，因为按照由该省政府颁布的规章：《政府部门资料公开查询暂行规定》(以下简称《资料查询规定》)，李某必须凭法院的诉讼文书才能查阅土地资料。随后，李某向该市A区人民法院提起了行政诉讼，请求法院判令A区国土资源局同意他查阅详细的登记资料。A区国土资源局提出答辩状，提出他们拒绝李某查阅档案资料的依据是《资料查询规定》。该《资料查询规定》第十二条规定：政府部门的登记情况只能由权利人、取得权利人同意的单位和个人查询。其他人必须持法院诉讼文书或公检法机关的相关文书方可查询。法院审理认为A区国土资源局不给李某查询是依据《资料查询规定》，该行为合法，因而对原告李某的诉讼请求不予支持。

【解析】

本案涉及行政立法及其效力问题。

行政立法是政府制度建设的主要内容，是政府依据法定职权和程序，制定、颁布、修改、清理和废止行政法规、规章的行为。行政立法属于国家立法活动的一部分。《依法行政实施纲要》明确提出了制度建设，主要是对政府立法的基本要求：第一，符合法定权限和程序，以维护法制统一。政府立法要依法进行，各级政府和政府部门都要维护宪法的权威和尊严，严格按照法定权限和程序进行立法。下位法必须符合上位法的规定，不得与上位法相抵触。第二，遵循并反映经济和社会发展规律，包括该立法所调整、规范事项的规律，为解放和发展生产力服务。第三，坚持以人为本，充分发挥公民、法人和其他组织的积极性、主动性和创造性。第四，政府立法的内容要具体、明确，具有可操作性，能够切实解决实际问题。

本案中，省政府的规章在内容上与上位法相抵触。《行政许可法》、《中华人民共和国担保法》（以下简称《担保法》）、《中华人民共和国土地管理法实施条例》（以下简称《土地管理法实施条例》）等法律都明确规定土地资料允许公民查询，这也是行政公开原则的要求，本案中的省政府规章却限制了公民这一权利。省政府的规章因为与上位法相抵触而无效。政府立法的内容必须合法，不得与上位法相抵触。

本案还说明了另一个重点，即公民对政府立法的监督途径问题。《行政诉讼法》规定，法院对现行有效的规章，只能选择适用或者不适用，没有权力直接宣告无效。《立法法》第八十八条对政府规章的监督主体作出了规定，国务院有权改变或者撤销不适当的部门规章和地方政府规章，地方人民代表大会常务委员会有权撤销本级人民政府制定的不适当的规章。因此，公民认为规章违法的，可以通过提请有权机关进行审查的方式来监督。本案中省政府规章的监督主体应当是省人大常委会或国务院。李某可以向省人大常委会提请对省政府规章进行审查。

案例分析 15 法律规范不一致时应当如何适用

案 例

2005 年 6 月 30 日 21 点 40 分，杭州某混凝土有限公司所属车辆×××大型专项作业车运输散装混凝土至杭州乐园工地，途经萧山区潘水路西山隧道东侧时，因车辆未做好密闭包扎，导致混凝土发生泄漏，污染路面长达 13 米，宽度为 0.8～0.2 米不等。次日，杭州城管局执法人员巡查时发现这一情况。对当事人的这一行为，依据《浙江省城市市容和环境卫生管理实施办法》（本案例中以下简称《实施办法》）的相关规定，执法人员拟对当事人杭州某混凝土有限公司处以 1000 元罚款的行政处罚。但是，对处理该案，应适用《管理实施办法》，还是应适用 2005 年 7 月 1 日实施的《杭州市城市市容和环境卫生管理条例》(本案例中以下简称《管理条例》),有不同意见。

【解析】

本案涉及行政法规的冲突问题。

《实施办法》(于2009年1月1日废止)第二十条规定:“在市区运行的交通运输工具,应当保持外形完好、整洁。货运车辆运输液体、散装货物及残土垃圾,应当密封、包扎、覆盖,避免泄漏、遗撒。进入市区的交通运输工具,应当保持整洁。有条件的城市可以在车辆进城的城郊结合部建造进城车辆清洗站。车容不整洁、有碍市容观瞻的车辆,应清洗后,方可驶入市区。”

本案当事人所属车辆在运输过程中,因未做好密闭包扎,导致混凝土发生泄漏,污染路面长达13米,宽度为0.8~0.2米不等,严重影响了城市环境卫生和容貌。因此,本案中当事人的行为就违反了第二十条第一款之规定。同时,《实施办法》第三十七条第(十一)项之规定:“运输液体、泥沙、散装货物不作密封、包扎、覆盖,造成泄漏、遗撒或车辆带泥运行污染路面的,每辆(次)处以二百元至二千元的罚款。”本案中,虽然造成车辆遗撒泄漏的直接实施主体是驾驶员(自然人),但是由于该驾驶员受雇于杭州某混凝土有限公司,其行为系职务行为,应由杭州某混凝土有限公司来承担相关责任。所以,城管执法人员作出对杭州某混凝土有限公司处以1000元罚款的行政处罚决定是正确的。

但是,就在本案发生的20分钟后,《管理条例》于2005年7月1日正式施行。该新条例对车辆运输液体、散装货物作出了更加具体的规定,提出了更高的要求。其中,第五十一条规定:“机动车辆在城市道路上运载液体、散装货物,应当密封、包扎、覆盖,避免泄漏、遗撒。违反前款规定,密封、包扎、覆盖不严密,导致泄漏、遗撒的,由行政执法机关处以一百元以上一千元以下罚款;违反规定未进行密封、包扎、覆盖的,由行政执法机关处以二千元以上二万元以下罚款。”对上述违法行为,行政执法机关还可暂扣违法当事人的车辆,并要求其到指定地点接受处理,处理结束后,发还车辆。第六十一条规定:“运输工程渣土的单位和个体工商户,应当到市容环卫主管部门申领工程渣土准运证(以下简称准运证)。未达到密闭化运输要求的车辆(船),不予核发准运证。未领取准运证的车辆(船),不得运输工程渣土。准运证不得出借、转让、涂改和伪造。违反前款规定,由行政执法机关责令其改正,对有准运证的运输车辆(船)未实行密闭化运输的,处以一千元以上一万元以下的罚款;对无准运证、伪造准运证运输工程渣土的或者运输工程渣土与准运证要求不符的，处以二千元以上二万元以下的罚款；对出借、转让、涂改准运证的，处以二千元罚款。”对上述违法行为，行政执法机关还可暂扣违法当事人的运输工具，并要求其到指定地点接受处理，处理完毕后，发还运输工具。

将这两项规定进行对比后不难发现，对车辆密封、包扎、覆盖不严密，导致泄漏、遗撒的行为，《管理条例》比《实施办法》有关规定处罚得更轻；而对未进行密封、包扎、覆盖的行为，《管理条例》所规定的处罚要比《实施办法》程度更重。而且，《管理条例》明文规定运输工程渣土的单位和个体工商户应当办理准运证，而未达到密闭化运输要求的车辆(船)，将不予核发准运证，不得运输工程渣土，这就对运输工程渣土的主体资格进行了严格的限制性规定。

那么，《管理条例》颁布之后，同样的行为就在不同的法律规范上存在不同的规定，城市管理行政执法部门应该如何适用相应规定呢？这就涉及有关规范性文件的效力的位阶问题。根据《立法法》的相关规定，宪法具有最高的法律效力；法律的效力高于行政法规、地方性法规、规章；行政法规的效力高于地方性法规、规章；地方性法规的效力高于本级和下级地方政府规章；省、自治区的人民政府制定的规章的效力高于本行政区域内的较大的市的人民政府制定的规章。《实施办法》是浙江省人民政府制定的规章，而《管理条例》即为杭州市人大常委会制定的地方性法规。对于两者的差异，《立法法》规定：“省、自治区的人民代表大会常务委员会在对报请批准的较大的市的地方性法规进行审查时，发现其同本省、自治区的人民政府的规章相抵触的，应当作出处理决定。”但是，浙江省人民代表大会常务委员会没有对此作出处理。由于《立法法》没有对省政府规章与省会城市地方法规的效力位阶作出规定，因而不能从两部法律文件的效力位阶上判断其适用。

同时，《立法法》第八十三条规定：“同一机关制定的法律、行政法规、地方性法规、自治条例和单行条例、规章，特别规定与一般规定不一致的，适用特别规定；新的规定与旧的规定不一致的，适用新的规定。”虽然杭州市人民政府这一规章的制定时间后于浙江省人民政府规章的制定时间(《实施办法》自 1994 年 9 月 12 日起实施)，在这一问题上并不能适用“新法优于旧法”的效力原则。因为，《浙江省城市市容和环境卫生管理实施办法》和《管理条例》并不是同一个机关所制定的。也就是说，这里不能根据“新法优于旧法”的效力原则来确定法律的适用。

实际上，本案所述的违法行为发生时，《管理条例》还未实施。根据《立法法》第八十四条规定："法律、行政法规、地方性法规、自治条例和单行条例、规章不溯及既往，但为了更好地保护公民、法人和其他组织的权利和利益而作的特别规定除外。"而且，如前所述，对车辆密封、包扎、覆盖不严密，导致泄漏、遗撒的行为，《管理条例》比《实施办法》有关规定处罚得更轻；而对未进行密封、包扎、覆盖的行为，《管理条例》所规定的处罚要比《实施办法》程度更重。因此，根据《立法法》第八十四条和最高人民法院2004年5月18日《关于审理行政案件适用法律规范问题的座谈会纪要》中关于"行政相对人的行为发生在新法施行以前，具体行政行为作出在新法施行以后，人民法院审查具体行政行为的合法性时，实体问题适用旧法规定，程序问题适用新法规定，但适用新法对保护行政相对人的合法权益更为有利的除外"的精神，我们认为，本案当事人违法行为发生时，《管理条例》还未实施，应该适用《管理实施办法》。同时，本案主要属于行政处罚数额的实体问题，且适用《管理条例》对保护行政相对人的权益未必更为有利，因此，应当适用《实施办法》的相关规定，对案件进行处理。有关执法人员依《实施办法》的相关规定，对当事人杭州某混凝土有限公司处以罚款，是可行的。

案例分析16　F市S区教育局在作出行政处罚时侵犯了原告哪些权利

案　例

吴某于1982年至1988年11月在F市S区一小任教。1988年11月，吴某调到S区矿务局从事计划生育工作和S区矿务局幼儿园工作。吴某在S区矿务局工作期间，虽不是在职任教的教师，但S区矿务局仍将吴某作为教师确认其专业技术职务。1996年6月，吴某在实施首批教师资格过渡工作中以在职的教师参加评定，并取得教师资格证书。1998年6月，F市S区分离国有企业办校工作领导小组在审查时认为吴某不是在职教师，不符合人员接收条件，决定不予接收。1998年12月28日，S区教育局以吴某的小学教师资格证书属欺骗取得为由，吊销吴某的小学教师资格证书。S区教育局在作出吊销吴某小学教师资格证书的行政处罚决定之前，未告知吴某有陈述、申辩等权利。吴某对S区教育局的行政处罚决定不服，向F市S区人民法院提起诉讼，要求撤销该行政决定。

F市S区人民法院经审理认为，被告在作出吊销原告小学教师资格证的处罚决定之前，应当告知原告作出吊销小学教师证书行政处罚决定的事实、理由及依据，并告知原告有权进行陈述和申辩，有权要求举行听证。但是，被告在作出行政处罚前没有履行这一法定职责，违反了法定程序，其作出的吊销原告小学教师资格证书的行政决定应依法予以撤销。

【解析】

本案涉及行政程序问题。

正当程序是现代法治国家对行政机关依法行政提出的基本要求之一，行政程序包括听取行政管理相对人意见、告知行政管理相对人权利、听证等具体制度。其中，听取行政管理相对人意见及告知行政管理相对人权利是行政程序的最基本要求。第一，听取行政管理相对人意见及告知行政管理相对人权利制度是对行政管理相对人人格尊严的尊重，可以促使行政管理相对人心悦诚服地接受行政决定。尊重和保护人的尊严已是现代法治国家的一项基本义务。评价法律程序正当性的一项主要标准是，它使人的尊严在多大程度上得到维护。让行政管理相对人在程序中感觉到自己受到尊重，是行政管理相对人愿意接受行政决定的情理基础，进而提高该决定的可接受性程度。第二，约束行政自由裁量权，保证行政决定的正确性。行政主体作出行政决定的过程，在相当程度上是一个裁量的过程。如何保证裁量的准确性一直是行政法上的一大难题。事实表明，利害关系人的不同“声音”在行政程序中能起到有效约束自由裁量权滥用的作用。行政机关在作出决定之前听取对方的意见，在作出决定的过程中充分考虑对方的意见，在作出决定之后向对方说明自己如何考虑这些意见，这一机制能够促使行政机关在作出决定之前慎重对待自由裁量权。第三，增加行政职权行使的透明度，拓宽对行政职权行为进行监督的渠道。听取对方意见，在一定程度上保证了行政决定过程的公开性，防止行政权“暗箱操作”，为利害关系人监督行政权和请求救济提供了机会。因此，法治国家都要求行政机关在作出决定时必须听取行政管理相对人的意见，并告知行政管理相对人的权利。

本案中S区教育局作出的吊销吴某教师资格证的决定属于行政处罚。行政处罚的实施必须遵守法定程序，行政机关作出行政处罚的决定应贯彻效率原则，全面、客观、公正、公开原则。充分保护当事人申辩权利原则及程序合法原则等。也就是说，行政机关在作出行政处罚决定之前，应当依法告知当事人作出行政处罚决定的事实、理由及依据，并告知当事人依法享有的权利；必须听取当事人的陈述和申辩；在作出吊销资格证的行政处罚决定之前，还应当依法告知当事人有要求举行听证的权利。对市S区教育局在对吴某作出行政处罚决定之前，未告知吴某将对其作出行政处罚决定的事实、理由、依据及其依法享有的权利，未听取吴某的陈述和申辩，也未告知吴某有要求举行听证的权利，该行为违反了《行政处罚法》第三十一条、第三十二条、第四十二条的规定，因此，法院判决撤销S区教育局作出的行政处罚决定是正确的。

案例分析17　公交票价上涨是否需要经过价格听证会

案　例

2000年9月2日，B市公交公司宣布从即日起公交票价普遍上调120%左右，市内环城公共汽车票价由原来的5角上涨至1元，郊区公共汽车则由每10公里2元上涨至4.5元。公交价格调价第二天，B市市民刘某向B市人民政府申请行政复议，B市人民政府则迟迟没有答复。刘某遂一纸诉状将B市物价局和B市公交公司告上法庭，认为此次公交调价没有经过价格听证会，不符合法定程序，要求物价部门依法举行价格听证会。

【解析】

本案涉及价格听证会的适用范围问题。

《中华人民共和国价格法》（以下简称《价格法》）第四条规定："制定关系群众切身利益的公用事业价格、公益性服务价格、自然垄断经营的商品价格等政府指导价、政府定价，应当建立听证会制度，由政府价格主管部门主持，征求消费者、经营者和有关方面的意见，论证其必要性、可行性。"也就是说，公共产品的政府指导价格或政府定价，应当举行听证会。

那么，本案中的B市公交票价上浮是不是属于《价格法》第二十三条规定的听证会制度的适用范围呢？价格听证会制度，是指在政府的价格主管部门主持下，以申请改变价格的企业为一方，消费者与其他利害关系人为另一方，双方各抒己见，进行申辩和争论，政府价格部门在考虑听证会笔录的基础上确定价格的制度。价格听证是一种听取不特定利害关系人意见的制度，目的是尽可能地减少行政决定对利害关系人产生的不利影响。根据《价格法》第二十三条的规定，"制定关系群众切身利益的公用事业价格、公益性服务价格、自然垄断经营的商品价格等政府指导价、政府定价”，都属于应当举行听证会的范围。而B市公共交通票价涉及B市广大市民的经济利益，而且公共交通行业目前基本上仍然处于垄断经营，公交票价属于政府指导价的范围，公共交通票价上浮方案必须经过相关物价局批准。因此，B市公交票价上浮应适用价格法规定的听证会制度。B市公交公司和物价局在没有经过听证的情况下擅自上涨票价，违反了价格法的规定，属于无效的上涨票价行为。

案例分析 18　某市工商机关的处罚决定违反了哪项法定的程序要求

案　例

张某于1989年经市工商行政管理局批准，在该市的一个市场租用摊位经营百货，每月缴纳工商管理费30元。1992年6月本市工商管理局的一位工作人员李某找到张某，要求张某将摊位与该市场中的李某朋友拥有的另一个摊位调换。李某的无理要求被张某拒绝。同年10月，当李某的无理要求再次被张某拒绝后，李某在一次例行检查中以销售假冒伪劣商品、扰乱市场秩序为由，对张某作出了罚款1000元的行政处罚决定。张某当场表示，李某是假公报私，认为李某没有资格作出处罚决定。随后，张某向人民法院提起行政诉讼，人民法院审理后以原处罚决定证据不足、事实不清，违反法定程序为由撤销处罚1000元的决定。

【解析】

本案涉及行政程序中的回避制度。

行政程序中的回避制度，具体要求公务员执行职务时，涉及本人或者本人配偶、直系血亲、三代以内旁系血亲以及近姻亲利害关系的，或者具有其他可能影响公正执行公务情形的，应当回避。回避制度是公正原则的表现形式，由于执法人员与当事人之间有利害关系，可能影响执法人员做出公正的判断，应当回避。回避制度表明，行政处罚不仅要做到公正，而且这种公正必须以特定的形式表现出来，从而让人确信无疑。所以，我国《行政处罚法》第三十七条第二款规定：“执法人员与当事人有直接利害关系的，应当回避。”第四十二条第二款第（四）项规定：“听证由行政机关指定的非本案调查人员主持；当事人认为主持人与本案有直接利害关系的，有权申请回避。”

那么，什么是直接利害关系？直接利害关系包括以下几种情形：第一，执法人员与当事人之间有亲属关系，主要包括配偶、直系血亲、三代以内旁系血亲以及近姻亲。第二，执法人员与当事人之间有各种形式的利益得失关系，如接受当事人送礼、请吃、私下单独接触等。第三，执法人员与当事人之间有同学关系、同乡关系及朋友关系等。还有一种情况是，如果实施行政处罚的行政机关工作人员与行政管理相对人曾经有矛盾，例如本案中行政机关工作人员曾经对行政管理相对人提出过无理要求，这种无理要求又遭到行政管理相对人的拒绝，也属于应当回避的情形。回避制度的精髓在于保证裁决者的中立地位，而不仅仅是防止亲属关系、朋友关系、送礼行为等方面关系的影响。

本案中，工商管理局的工作人员李某，曾几次无理要求张某与他的朋友拥有的另一个摊位调换，被张某断然拒绝。尽管李某被张某拒绝的要求是无理的，但是对于李某本人来说，他对张某肯定有不满情绪，或者说至少我们有理由相信李某会对张某的拒绝行为感到不满意。可以说，本案中的李某与张某之间存在某种“敌对”情绪。

由李某代表工商管理局对张某作出处罚决定，可能会成为李某报复张某的一次机会。一个理性的人不会相信这种处罚的结果会是公正和可接受的。所以，李某应当回避。在本案中，李某应当回避而没有回避，由他代表工商局作出处罚决定违反了行政处罚法规定的回避制度，人民法院应予以撤销。

案例分析 19　某公安机关在哪些方面违反了法定的行政程序

案　例

黄某与邻居孙某向来关系不好。在某年的一个下雪天，黄某与孙某因为互不让对方将积雪扫过自家门口而发生争吵，直至大打出手，双方互有伤害。当地派出所民警接到群众报案后，到现场随便看了一下，规劝双方到医院治疗，之后再也没了下文。黄某与孙某都从医院回来之后，派出所也没有前来调查事实情况。但是，令孙某大吃一惊的是，在没有听取孙某任何陈述与意见的情况下，派出所上报公安局批准对孙某作出了行政拘留10天的处罚（以公安局的名义对外发文），而对黄某却没有给予任何处罚。特别令孙某气愤的是，孙某了解到派出所负责办理此案件的工作人员李某是黄某的表哥，平时与黄某有密切往来。随后，孙某向当地人民法院提起行政诉讼，请求人民法院撤销行政拘留处罚决定。孙某向法院起诉后，派出所派工作人员李某到孙某和黄某那里作谈话笔录，向当地许多知情者了解了情况，并作了详细的记录。在向法院提交答辩状时，公安局向法院一并提交了刚刚收集来的证据。人民法院经过审理，以违反法定程序为由判决撤销行政拘留处罚决定。

【解析】

本案主要涉及行政处罚的程序正当性问题。

行政程序是指行政主体实施行政行为的时间与空间方式，也就是行政主体实施行政行为时必须遵循的步骤、顺序、时间及方式的总和。在现代行政法中，行政程序显得越来越重要，究其原因主要有以下几点：一是现代社会的多元化导致人们对实体正当的认识难以完全一致，需要通过行政程序来使人们对于行政结果有近似的预期判断，从而在一定程度上形成相对公平和正义；二是行政活动中不同主体之间的矛盾冲突，促使行政主体采取一种“看得见”的方式，将复杂的行政行为模式化为一个个透明的流程，以增强行政行为的可接受性程度；三是行政程序可以使类似的行政问题通过同样的流程去解决，有助于行政主体摆脱人治的弊端，作出实体正确的行政行为。

关于什么是正当程序，源自英国的自然正义原则得出了最精炼的概括，即包括听取对方意见和自己不能做自己案件的法官两项最基本的规则。听取对方意见规则是指任何人或团体在行使权力时，可能使对方受到不利影响的，必须听取对方的意见。每个人都有为自己辩护和防卫的天然权利；不能做自己案件的法官是指任何个人或团体不能做涉及自身利害关系的案件的法官，否则容易带来裁判结果的不公正。这两项规则是正当程序的最低要求，在法律上表现为信息公开制度、听取当事人陈述与意见制度、听证制度、卷宗阅览制度、回避制度等。我国《行政处罚法》第四条规定了公正、公开原则；第六条规定：“公民、法人或者其他组织对行政机关所给予的处罚，享有陈述权，申辩权”；第三十七条第二款规定：“执法人员与当事人有直接利害关系的，应当回避”；第四十二条详细规定了行政处罚听证程序以及与此相关的回避制度。另外，我国《行政处罚法》第三十条规定：“公民、法人或者其他组织违反行政管理秩序的行为，依法应当给予行政处罚的，行政机关必须查明事实；违法事实不清的，不得给予行政处罚。”这一规定确立了在行政处罚程序中，行政机关“先取证，后裁决”的基本程序性规则。所以，行政程序，尤其是诸如规范行政处罚这一类对行政相对人不利行政行为的行政程序，已经有了法律依据，行政机关实施行政行为时必须遵守这些程序性的规则。

本案中，公安机关作出拘留10天的处罚决定过程中，主要违反了以下三项行政程序的正当性要求：一是违反了“先取证，后裁决”的处罚制度。公安机关在作出拘留10天处罚决定之前，必须先调查清楚违法事实，取得充分确凿的证据。如果没有违法行为，或者没有证据证明违法事实的存在，那么公安机关就不能作出拘留处罚决定。本案中，公案机关在没有作任何调查的情况下作出了处罚决定，这明显是违反法定程序的。尽管在诉讼过程中公安机关补救性地进行调查取证活动，也有可能会取得确凿充分的证据，但这显然已是“先裁决，后取证”，先前作出的行政处罚行为自然不具有合法性。《行政诉讼法》第二十三条规定：“在诉讼过程中，被告不得自行向原告和证人收集证据。”《最高人民法院关于执行〈中华人民共和国行政诉讼法〉若干问题的解释》（以下简称《关于执行〈行政诉讼法〉若干问题的解释》）第三十条第（一）项规定：“被告及其诉讼代理人在作出具体行政行为后自行收集的证据，不能作为认定被诉具体行政行为合法的根据。”本案例中公安局下属的派出所，在孙某起诉后向孙某和其他证人收集的证据属于“在诉讼过程中向原告和证人收集的证据”，是不合法证据，人民法院不应采纳；二是违反了听取意见和告知事实、理由制度。为了保证行政处罚的公正性和可接受性，公安机关在作出拘留决定前，必须听取当事人的意见和陈述；在作出决定之后，必须告知当事人其据以作出拘留决定的事实根据和法定理由以及救济途径。本案中，公安机关在作出决定前，没有听取任何一方当事人的意见与陈述，在作出决定后，也没有告知其事实根据与法定理由，更没有告知其救济途径；三是违背了回避制度。本案中负责办理此案的派出所工作人员李某是本案一方当事人黄某的表哥，属于具有血缘关系的亲属。李某与黄某之间存在的这一亲属关系，足以影响办案的公正性，所以李某应当回避，不得参与此案的处理活动。公安机关作出的拘留决定违反了行政程序的正当性要求，既不能保证拘留处罚决定的公正性，也无法让当事人和社会公众心悦诚服地接受它。

第四章　行政行为分述

31. 什么是行政许可

行政许可是指行政主体根据公民、法人或其他组织的申请，通过颁发许可证、执照等形式，依法赋予行政相对人从事某种活动或实施某种行为的权利或资格的一种具体行政行为。行政许可主要具有以下特征：第一，行政许可是依申请的行政行为，是国家依申请的一种监控管理手段。行政许可的主体是法定的行政机关或法律、法规授予其行政职权的组织。第二，行政许可的内容一般为法律所普遍禁止的活动，如持枪、狩猎、排污、采矿、采伐许可等等。第三，行政许可是一种创制有关行政许可的法律规范的活动，属于立法活动的范畴。根据依法行政的原则，行政主体实施行政行为必须依据法律，行政许可的设定也应有法定依据，任何没有合法依据的行政许可都是违法的和无效的。行政许可只能由特定的国家机关通过特定的方式设定，行政许可的事项、批准申请的标准、许可的程序都必须由法律、法规明确规定，未经法律、法规规定，行政机关不得自行设定、自行实施行政许可。

我国的行政许可主要遵循以下基本原则：第一，便民原则。实施行政许可，应当遵循便民的原则，提高办事效率，提供优质服务。法律规定，经国务院批准，省、自治区、直辖市人民政府根据精简、统一、效能的原则，可以决定一个行政机关行使有关行政机关的行政许可权。行政许可需要行政机关内设的多个机构办理的，该行政机关应当确定一个机构统一受理行政许可申请，统一送达行政许可决定。申请人可以委托代理人提出行政许可申请。行政许可申请可以通过信函、电报、传真、电子数据交换和电子邮件等方式提出。第二，公开、公平、公正的原则。设定和实施行政许可，应当遵循公开、公平、公正的原则。有关行政许可的规定应当公布；未经公布的，不得作为实施行政许可的依据。行政许可的实施和结果，除涉及国家秘密、商业秘密或者个人隐私的外，应当公开。第三，行政许可法定原则。设定和实施行政许可应当依照法定的权限、范围、条件和程序。第四，行政许可受法律保护原则。行政机关不得随意变更或者撤回已经做出的行政许可，如果为了公共利益的需要，行政机关确实需要变更或者撤回，被许可人因此受到的损失要由行政机关予以补偿。行政机关违法撤销行政许可，使得被许可人的合法权益受到损害，行政机关应当依法给予赔偿。

32. 行政许可的设定条件、设定实施机关有哪些

设定行政许可，应当遵循经济和社会发展规律，有利于发挥公民、法人或者其他组织的积极性、主动性，维护公共利益和社会秩序，促进经济、社会和生态环境协调发展。行政许可的设定范围主要集中于两个方面：一是关系到国计民生的特殊行业的经营活动；二是关系到公民生命、自由、财产利益的特殊职业。根据《行政许可法》的规定，下列事项可以设定行政许可：第一，直接涉及国家安全、公共安全、经济宏观调控、生态环境保护以及直接关系人身健康、生命财产安全等特定活动，需要按照法定条件予以批准的事项。第二，有限自然资源开发利用、公共资源配置以及直接关系公共利益的特定行业的市场准入等，需要赋予特定权利的事项。第三，提供公众服务并且直接关系公共利益的职业、行业，需要确定具备特殊信誉、特殊条件或者特殊技能等资格、资质的事项。第四，直接关系公共安全、人身健康、生命财产安全的重要设备、设施、产品、物品，需要按照技术标准、技术规范，通过检验、检测、检疫等方式进行审定的事项。第五，企业或者其他组织的设立等，需要确定主体资格的事项。第六，法律、行政法规规定可以设定行政许可的其他事项。

通过下列方式能够予以规范的，可以不设行政许可：第一，公民、法人或者其他组织能够自主决定的。第二，市场竞争机制能够有效调节的。第三，行业组织或者中介机构能够自律管理的。第四，行政机关采用事后监督等其他行政管理方式能够解决的。

我国《行政许可法》规定：第一，法律可以设定行政许可。第二，尚未制定法律的，行政法规可以设定行政许可。必要时，国务院可以采用发布决定的方式设定行政许可。实施后，除临时性行政许可事项外，国务院应当及时提请全国人民代表大会及其常务委员会制定法律，或者自行制定行政法规。第三，若该法中尚未列举事项，尚未制定法律、行政法规的，地方性法规可以设定行政许可；尚未制定法律、行政法规和地方性法规的，因行政管理的需要，确需立即实施行政许可的，省、自治区、直辖市人民政府规章可以设定临时性的行政许可。临时性的行政许可实施满一年

需要继续实施的，应当提请本级人民代表大会及其常务委员会制定地方性法规。地方性法规和省、自治区、直辖市人民政府规章，不得设定应当由国家统一确定的公民、法人或者其他组织的资格、资质的行政许可；不得设定企业或者其他组织的设立登记及其前置性行政许可。其设定的行政许可，不得限制其他地区的个人或者企业到本地区从事生产经营和提供服务，不得限制其他地区的商品进入本地区市场。

行政许可的实施机关主要包括以下机关：第一，具有行政许可权的行政机关。行政许可作为一种具体行政行为，实施的机关首先是具有行政主体资格的行政机关，而且，只能由具有行政许可权的行政机关在其法定职权范围内实施。第二，法律、法规授权的具有管理公共事务职能的组织。经法律、法规授权的具有管理公共事务的组织，取得了行政主体的资格，它们在法定授权范围内，以自己的名义实施行政许可。第三，受委托的行政机关。具有行政许可权的行政机关在其法定职权范围内，依照法律、法规、规章的规定，可以委托其他行政机关实施行政许可。第四，被决定的行政机关。经国务院批准，省、自治区、直辖市人民政府根据精简、统一、效能的原则，可以决定一个行政机关行使有行政机关的行政许可权。

33. 什么是行政确认

行政确认是行政主体对行政相对人的法律关系或有关法律事实予以澄清、确定、证明并宣告的具体行政行为。

行政确认的最大特点是不直接改变行政相对人的法律地位及相关的法律事实，只是一种认定。行政确认的特征包括：第一，行政确认是要式的行政行为。由于行政确认的直接表现形式是对特定的法律事实或法律关系是否存在的甄别和宣告，所以，行政主体在作出确认行为时，必须以书面的形式作出。第二，行政确认是羁束的行政行为。行政确认的目的是确定管理相对方的法律地位和权利义务，是严肃的法律行为，具有严格的规范性。第三，行政确认的外在表现形式，往往以技术鉴定书等形式出现，在较大程度上受到技术规范的制约，并由此决定管理相对方的法律地位和权利义务。行政主体通常以行政确认作为作出行政处理决定的前提，规定管理相对方的法律地位和权利义务。第四，行政确认的内容或目的是对行政相对人的法律地位和权利义务的确定。第五，行政确认的直接对象是那些与行政相对人的法律地位和权利义务紧密相关的特定法律事实或法律关系。

34. 什么是行政处罚

行政处罚是指行政机关对违反行政法规范尚未构成犯罪的行政相对人给予制裁的具体行政行为。行政处罚的特征包括：第一，对象是外部行政的相对方，主要是针对有违反行政法律规范行为的行政相对人的制裁。第二，前提是相对方实施了违反行政法规范但尚未构成犯罪的行为。第三，其性质是一种以惩戒违法为目的、具有制裁性的具体行政行为。行政处罚是对违反行政法律规范的行政相对人的人身自由、财产、名誉或其他权益的限制或剥夺，或者对其课以新的义务，体现了强烈的制裁性或惩戒性。

以对违法行为人的何种权利采取制裁措施的不同为标准，可将行政处罚分为人身自由罚、行为罚、财产罚和声誉罚。第一，人身自由罚。人身自由罚是指在一定期限内限制或剥夺公民人身自由的行政处罚，它是行政处罚中最为严厉的处罚种类，主要有两种形式：行政拘留和劳动教养。行政拘留也称治安拘留，是对违反治安管理的人，依法在短期限制其人身自由的一种处罚。行政拘留的设定权只属于全国人大及其常委会，实施权仅限于公安机关；劳动教养是指行政机关对习惯性违法或有轻微犯罪行为但还不够刑事处罚而又有劳动能力的人采取的一种行政处罚。第二，行为罚。行为罚是限制和剥夺违法者某种行为能力或资格，使其不能从事某种活动的处罚措施。行为罚的主要方式有：责令停业，吊销或者暂扣许可证、营业执照。第三，财产罚。财产罚是指强迫违法行为人交纳一定数额金钱和物品，以使其财产权利和利益受到损害的行政处罚。这种处罚在于使违法者缴纳一定数额的金钱或者是没收其一定财物，并不影响违法者的人身自由和进行其他活动的权利，其具体形式主要有：罚款、没收财物。第四，声誉罚。声誉罚是指行政主体对违法者予以谴责和告诫，使其名誉、荣誉、信誉或精神上的利益受到一定损害以示警戒的行政处罚，故又称申诫罚或精神罚。声誉罚的特别之处在于只是使违法者的精神上受到惩戒，其目的在于引起违法者的警惕，使其停止违法行为并避免重新违法。声誉罚既适用于个人也适用于组织，其主要形式有警告、通报批评等。

行政处罚的具体形式是由法律规范规定的，实施处罚的主体不能任意设定，《行政处罚法》对行政处罚的形式作了统一的规定，规定了七种行政处罚：即警告；罚款；没收违法所得、没收非法财物；责令停产停业；暂扣或者吊销许可证、暂扣或者吊销执照；行政拘留；法律、行政法规规定的其他行政处罚。

35. 行政处罚应当遵循哪些原则

我国《行政处罚法》主要规定了以下原则：

(1) 处罚法定原则。该原则包括处罚的设定、实施主体、实施依据、处罚程序都必须有法律规定。

(2) 处罚与教育相结合原则。该原则指行政处罚不仅是制裁行政违法行为的手段，而且也起教育的作用，是教育人们遵守法律的一种形式。通过惩罚与教育，使人们认识到违法行为的危害，从而培养自觉守法的意识。

(3) 公开、公正原则。公开原则是指行政处罚的设定与实施要向社会公开，这是公正原则的保障。公开原则有两项基本要求：第一，对违法行为给予处罚的规定要公开。第二，对违法行为实施处罚的程序必须公开。公正原则指行政处罚的设定与实施要公平正直，没有偏私。这是处罚法定原则的进一步延伸和补充，处罚不仅要合法，而且还要公正、恰当，具体体现在行政处罚的实体公正和程序公正两个方面。

(4) 一事不再罚原则。该原则是指对相对方的某一违法行为，不得给予两次以上同类（罚款）处罚。也就是说，相对方的一个行为无论是违反一个规范，还是数个规范，受一个行政主体管辖，还是数个行政主体管辖，可以给予两次以上的行政处罚，但不能是同类的处罚方式。

(5) 保障当事人权利原则。该原则是指公民、法人或者其他组织对行政机关所给予的行政处罚，享有陈述权、申辩权；对行政处罚不服的，有权依法申请行政复议或者提起行政诉讼；公民、法人或者其他组织因行政机关违法给予行政处罚受到损害的，有权依法提出赔偿要求。

36. 行政处罚与行政处分、行政强制执行、执行罚有什么区别

行政处分是指国家行政机关对其系统内部违法失职的公务员实施的一种惩戒措施。行政处罚与行政处分虽然都是国家行政机关作出的制裁行为，但有较大区别：第一，作出决定的机关不同。作出行政处罚决定的机关是特定的行政主体，即对外部实施行政管理职能并具有行政处罚权的特定行政机关或法律、法规授权的组织或者行政委托组织；而行政处分的决

定机关是被处分公务员所隶属的行政机关。第二，制裁的对象不同。行政处罚制裁的对象一般是在行政管理中违反行政管理法规的外部相对人；而行政处分制裁的对象是行政机关内部违法失职的公务员。第三，制裁的手段不同。行政处罚的形式有警告、罚款、没收违法所得、没收非法财物、责令停产停业、暂扣、吊销许可证或者吊销执照、行政拘留等；而行政处分的形式有警告、记过、记大过、降级、撤职、开除六种方式。第四，所依据的法律法规不同。行政处罚依据的是行政机关据以管理国家和社会事务的各种行政法律规范，而行政处分则只是适用于行政机关内部的法律规范。第五，救济的途径不同。对行政处罚不服的，则是向复议机关申请行政复议或向人民法院提起行政诉讼；对行政处分不服的，只能向主管行政机关或专门的行政监察机关申诉解决。

行政强制执行，指行政机关或行政机关申请人民法院，对不履行行政决定的公民、法人或其他组织，依法强制履行义务的行为。行政处罚与行政强制的区别表现在：第一，目的不同。行政处罚的主要目的是为了制裁违反行政管理法规的行为；而行政强制执行的目的是为了促使被强制人履行法定义务。第二，性质不同。行政处罚是指行政机关对违反行政法规范之后，由行政机关对其违法行为人所进行的一种制裁措施；而行政强制执行不是制裁，不以设定某种新的义务为宗旨，其目的旨在要求违法行为人履行义务或达到与履行义务相同状态的一种措施。第三，采取措施的形式不同。行政处罚的形式是警告、罚款、没收违法所得、没收非法财物、责令停产停业等；而行政强制执行所采取的方式，主要有加处罚款或者滞纳金、划拨存款、汇款、拍卖或者依法处理查封、扣押的场所、设施或者财物、排除妨碍、恢复原状、代履行、其他强制执行的方式。第四，实施的主体不同。行政处罚只能由行政机关或法律、法规授权的组织实施；而行政强制执行除法定的行政机关可以实施外，还可以由人民法院依行政机关的申请而实施。

执行罚是行为人不履行不作为义务或者不能由他人代为履行的作为义务，行政机关为达到使其履行义务的目的，对行为人课以新的金钱给付义务的强制执行方法。虽然行政处罚与执行罚都有着处罚的外在形式，但二者之间仍有明显区别：第一，法律性质不同。行政处罚以相对方的违法行为为前提，如果相对方没有违法行为，就不存在行政处罚问题，而引起执行处罚的行为并不是严格意义上的违法性，是为了防止违法行为发生。第二，目的不同。行政处罚的目的是惩罚、教育行政违法行为的人，制止和预防行政违法行为。执行处罚的目的是为了促使相对方在法定期限内履行法定义务。第三，行政处罚必须遵守“一事不再罚”的原则；执行罚可以针对一件事情反复适用。

37. 行政处罚有哪些程序

行政处罚的程序是指行政处罚主体实施行政处罚的步骤和方式，它属于行政程序中的一种，主要包括简易程序、一般程序、听证程序和执行程序。

（1）简易程序。简易程序又称当场处罚程序。简易程序是对轻微的行政违法行为作出较轻的行政处罚的程序，对于违法事实确凿并有法定依据，只限于警告和一定数额的罚款（对公民处以50元以下，对法人或者其他组织处以1000元以下的罚款）才适用简易程序。

（2）一般程序。一般程序适用于除适用简易程序以外的行政处罚。一般程序要求享有行政处罚权的行政主体依法对有违法行为的当事人进行立案、调查取证或者检查，执法人员不得少于两人；必须查明事实；执法人员与当事人有直接利害关系的，应当回避；调查终结，行政主体按照一般程序作出行政处罚决定。

（3）听证程序。听证程序是一般程序中的特殊程序和补充程序。根据《行政处罚法》规定，行政机关作出责令停产停业、吊销许可证或者执照、较大数额罚款行政处罚决定前，应当告知当事人要求举行听证的权利；当事人要求听证的，行政机关应当组织听证。

（4）执行程序。执行程序是指行政主体对受罚人执行已发生法律效力的处罚决定的程序活动。行政处罚决定依法作出后，当事人应当在行政处罚决定的期限内，予以履行。除当场收缴的罚款外，作出行政处罚决定的行政机关及其执法人员不得自行收缴罚款。当事人应当自收到行政处罚决定书之日起15日内，到指定的银行缴纳罚款。银行应当收受罚款，并将罚款直接上缴国库。

38. 什么是行政强制

行政强制是指在行政管理中出现违反义务或者义务不履行的情况下，为确保行政管理的顺利进行，维护、实现社会公共利益，由行政主体或者行政主体申请人民法院依法对行政相对人的财产以及人身、自由等予以强制而采取的措施。根据《中华人民共和国行政强制法》（以下简称《行政强制法》）的规定，行政强制包括行政强制措施和行政强制执行。

根据《行政强制法》的规定，行政强制措施是指行政机关在行政管理过程中，为制止违法行为、防止证据损毁、避免危害发生、控制危险扩大等情形，依法对公民人身自由实施暂时性限制，或者对公民、法人或者其他组织的财产实施暂时性控制的行为。行政强制措施的种类包括：限制公民人身自由，查封场所、设施或者财物，扣押财物，冻结存款、汇款，其他行政强制措施。

行政强制执行是指在行政法律关系中，作为义务主体的行政相对人不履行其应履行的义务时，行政机关或者行政机关申请人民法院，依法强制其履行义务的行为。行政强制执行的种类包括：加处罚款或者滞纳金，划拨存款、汇款，拍卖或者依法处理查封、扣押的场所、设施或者财物，排除妨碍、恢复原状，代履行，其他强制执行方式。

39. 行政强制与诉讼强制措施的区别有哪些

行政强制与诉讼强制的主要区别表现在：

（1）适用的主体不同。行政强制由有权行政机关或行政机关申请人民法院依法适用。诉讼中的强制措施，只能由人民法院在诉讼活动中，对有妨害诉讼行为的人使用。

（2）适用的目的不同。行政强制是为了预防、制止相对方违法侵害、迫使义务人履行法定义务或达到与履行义务的相同状态。诉讼强制措施是为了排除影响诉讼活动的障碍，以保证诉讼活动的顺利进行。

（3）所依据的法律规范不同。行政强制所依据的是行政法律、法规，而诉讼强制措施所依据的是诉讼法律规范。

（4）适用的法律后果不同。行政强制大都具有可诉性，一旦违法或适用不当，相对方提起诉讼，而对诉讼强制措施不能提起行政诉讼。

40. 什么是行政裁决

行政裁决是行政主体依照法律授权，对平等主体之间发生的、与行政管理活动密切相关的、与合同无关的特定的民事纠纷进行审查并作出裁决的具体行政行为。行政裁决的特征包括：第一，行政裁决的主体（即裁决者）是法律授权的特定的行政机关，其与行政争议没有利害关系的行政机关。第二，行政裁决的对象是特定的民事纠纷，其具有特定性，行政机关不能对所有的民事纠纷都进行行政裁决，而只能裁决那些法律规定的与行政管理事项有关的民事纠纷。第三，行政裁决是行政主体行使行政裁判权的活动，具有法律权威性。行政裁决权的行使，具有行使一般行政权的特征，对行政裁决不服的，可向人民法院提起行政诉讼。第四，行政裁决是一种特殊的具体行政行为，通常是以申请人的申请开始的，以协商或调解的形式作为前置处理的程序。

41. 什么是行政合同

行政合同是行政主体为实现特定公务而与行政相对人或者其他行政主体达成的、适用某些不同于私法合同规则的协议，它是一国行政民主化、法制化的产物。行政合同既有国家行政的性质，又有合同的一般性质，是行政性和合同性的统一，它既是一种合同，又是一种行政行为。

行政合同具有以下特征：第一，行政合同当事人中一方必定是行政主体。在行政合同中，一方是从事行政管理、执行公务的行政主体，另一方是行政管理相对人，且行政主体处于主导地位并享有一定的行政特权。行政合同可以在行政主体之间签订，也可以在行政机关与行政相对人之间签订。第二，行政合同的内容是为了公共利益而执行公务。行政合同是为履行公法上的权利和义务而签订的，其目的是为了执行公务，实现特定的国家行政管理目标。第三，行政合同以双方意思表示一致为前提。行政合同属于双方行政行为，双方的行政行为须以双方意思表示一致为前提。第四，在行政合同的履行、变更或解除中，行政主体享有行政优益权。行政合同中当事人并不具有完全平等的法律地位，行政机关可以根据国家行政管理的需要，单方面的依法变更或解除合同，而作为另一方当事人的公民、法人或其他组织则不享有此种权利。

故此，行政合同是行政的一种富有弹性的管理形式，它既不像行政命令那样僵硬，易窒息个人、组织的积极性，又不像民事行为那样自由随便，它是双方当事人协商自由与行政优先权的有机结合。

42. 缔结行政合同有哪些方式

缔结行政合同的方式，主要有以下几种：

（1）招标。采取招标方式时，行政机关只能和要价最低的投标方，或出价最高的投标方缔结合同，不能在中标人以外自由选择合同的当事人。

（2）邀请发价。行政机关为实现一定的目的，在签订合同前，发出要约，提出一定的条件，邀请个人或组织发价，然后由行政机关考虑经济、技术和政治的因素，选择与认为最恰当的个人或组织签订合同。这种方式一般也采取公开或限制的招标方式，不同的是邀请发价没有中标人，行政机关也不一定和要价最低（或最高）的一方缔结合同；在投标的基础上，行政机关可以在参加投标的个人或组织中保留自由选择合同当事人的权利。

（3）直接磋商。行政机关通过直接磋商的方式，自由地同任何个人或组织签订合同。在这种缔约方式中，行政机关选择合同当事人的自由度最大，这是在实际生活中较为常见的一种方式。

43. 什么是行政指导

行政指导是指行政机关为实现一定的行政目标，依法向行政相对人作出诱导或者引导行为，期待行政相对人自愿作为或不作为的一种非职权的行为。行政指导不直接涉及相对人的权利义务，不具有强制性，它们在现代行政中占据着越来越大的比重，已成为现代政府施政的中心。

行政指导不等于行政命令。行政指导作为一种非强制的手段，得到了行政相对人的同意或认可便可发挥作用，从而实现行政目标，建立行政机关所期望的行政秩序。行政指导的广泛运用可以进一步推进行政民主化和法制化，维护相对方的合法权益，消除管理者与被管理者之间的抵触，减少行政摩擦，确保行政活动的顺利进行。从各国行政指导的实践来看，符合行政民主和法治精神的行政指导，在现代行政管理过程中发挥着重要的作用。

44. 什么是行政给付

行政给付又称行政物质帮助，它是指行政机关对公民在年老、疾病或丧失劳动能力等情况或其他特殊情况下，依照有关法律、法规规定赋予其一定的物质权益或与物质有关的权益的具体行政行为。其特征为：第一，行政给付是行政机关所作的一种具体行政行为。第二，行政给付的对象是特定的公民，组织一般不能成为行政给付的对象。第三，行政给付是依据法律和行政法规实施的行政行为。第四，行政给付的内容是赋予被帮助人以一定的物质权益或与物相关的权益。

行政给付的形式包括：第一，安置。即从工作、生活、居住等方面给予安排，通常指对复员、转业、退伍军人的安排，还包括对无家可归者的安排。第二，补助。由民政部门依法对社会上生活困难的人给予的物质帮助。第三，抚恤。对特定死者的家属、伤残人员给予的物质帮助形式。第四，优待。给予被帮助人以与物质有关的权益的物质帮助形式。第五，救灾扶贫。指在较大范围内对特殊情况下的公民进行的物质帮助形式。

45. 什么是行政征收，它与行政征用有什么不同

行政征收是指行政主体为了国家和社会公共利益的需要，根据法律、法规的规定，以强制的形式向负有法定缴纳义务的公民、法人或其他组织无偿收取一定财物的一种具体行政行为，是国家凭借公权力参与国民收入分配和再分配的一种有效方式。行政征收的主要方式为：税收征收，它是行政征收中最主要的方面；资源费征收；建设资金征收；排污费征收；管理费征收；滞纳金征收。行政征收一般具有以下的特征：第一，强制性。行政征收是行政机关的单方行为，无需相对人的同意，行政机关甚至可以在违背相对人意志的情况下强制进行。行政相对人必须服从行政征收命令，否则应承担一定的法律后果。第二，无偿性。行政主体代表国家行使行政征收的职权，无偿获得相对人一定数额的金钱或物品，无须对相对人做出任何偿付，相对人付出的财产权益是单向性的。第三，法定性。行政征收的主体及权限、负有法定缴纳义务的当事人范围、行政的征收程序都必须由法律规定。

行政征用，是指行政主体为了公共利益的需要，以补偿为前提，依照法定程序对相对方财产或权利进行限制或利用的行为。行政征收与行政征用的区别主要在于：第一，从法律后果看，行政征收的结果是财产所有权从行政相对方转归国家所有；而行政征用则是行政主体暂时取得了被征用方财产的使用权，不发生财产所有权的转移，所有权仍归行政相对人。第二，从行为的标的来看，行政征收的标的一般仅限于相对人的金钱或实物，而行政征用的标的限于相对人的各种实物。第三，从能否取得补偿来看，行政征收是无偿取得相对人的财产所有权，而行政征用一般是有偿的，行政主体应当给予被征用方以相应的经济补偿。

46. 什么是行政奖励

行政奖励是指行政主体为了表彰先进、充分调动和激发人们的积极性与创造性，依照法定条件和法定程序，对为国家和社会作出重大贡献的行

政相对人，给予物质或精神鼓励的具体行政行为。行政奖励的特征主要为：第一，行使行政奖励的主体必须具备行政主体资格，即必须是国家行政机关或法律法规授权的社会组织；第二，其目的在于表彰和鼓励先进，鞭策和促进后进，调动和激发人们的创造性和积极性；第三，奖励的对象十分广泛，不论是我国公民或集体，还是外国人、无国籍人，均可以作为行政奖励的对象；第四，奖励的形式包括物质奖励和精神奖励，一般情况下二者合并采用；第五，其性质是行政主体依法律、法规的规定，赋予受奖励者以奖励性权益的无强制执行力的一种具体行政行为。

行政奖励的内容一般包括：物质方面的权益，即奖金或奖品；精神方面的权益，即某种荣誉称号；职务方面的权益，即晋升职级或晋升工资。

行政奖励的形式主要有：发给奖金或奖品、通报表扬或通令嘉奖、记功、授予荣誉称号、晋级、晋职。

47. 什么是行政调解

行政调解是在国家行政机关的主持下，指以当事人双方自愿为基础，由行政机关主持，以国家法律、法规及政策为依据，以自愿为原则，通过对争议双方的说服与劝导，促使双方当事人互让互谅、平等协商、达成协议，以解决有关争议而达成和解协议的活动。

行政调解能成为建设社会主义和谐社会重要方式、手段的原因在于行政调解在三个维度上实现了和谐：当事人之间的和谐和行政机关与相对人之间的和谐；遵守法律本身实现的和谐和监督法律实施实现的和谐；行政调解制度的存在保证社会冲突解决机制体系内在的和谐。总之，行政调解是全方位的“三和谐”。而且，最高人民法院 2009 年 7 月公布的《关于建立健全诉讼与非诉讼相衔接的矛盾纠纷解决机制的若干意见》第八条规定，行政机关依法对民事纠纷进行调处后达成的有民事权利义务内容的调解协议或者作出的其他不属于可诉具体行政行为的处理，经双方当事人签字或者盖章后，具有民事合同性质，法律另有规定的除外。该意见明确了行政调解协议具有民事合同的性质，行政调解协议应当符合《中华人民共和国合同法》（以下简称《合同法》）的规定。

常见的行政调解主要有以下几类：第一，基层人民政府的调解。调解民事纠纷和轻微刑事案件一直是基层人民政府的一项职责，这项工作主要是由乡镇人民政府和街道办事处的司法助理员负责进行。第二，合同管理机关的调解。合同管理机关，是国家工商行政管理局和地方各级工商行政管理局。法人之间和个体工商户，公民和法人之间的经济纠纷，都可以向工商行政管理机关申请调解。第三，公安机关的调解。《治安管理处罚法》规定，对于因民间纠纷引起的打架斗殴或者损毁他人财物等违反治安管理的行为，情节轻微的，公安机关可以调解处理。《道路交通事故处理办法》第三十条规定，公安机关处理交通事故，应当在查明交通事故原因、认定交通事故责任、确定交通事故造成的损失情况后，组织当事人和有关人员对损害赔偿进行调解。这是法律法规授予公安机关调解的权利，有利于妥善解决纠纷，增进当事人之间的团结。第四，婚姻登记机关的调解。《中华人民共和国婚姻法》规定，男、女一方提出离婚，可由有关部门进行调解或直接向人民法院提出离婚诉讼。所以，婚姻登记机关也可以对婚姻双方当事人进行调解，这样有利于婚姻家庭的正常发展。

案例分析 20　四川某市是否能将人行道经营权进行拍卖

案　例

2007 年 4 月 5 日，四川省某市城管局发布《关于东桐路、临江路茶饮摊区管理经营权竞标的公告》，标的为人行道经营权。此事在当地引起轩然大波，不少市民认为："城管只拥有人行道管理权，而没有处置权。拍卖人行道，涉及东桐路、临江路这些市民休闲娱乐的黄金地段，决定拍卖前听过市民意见、举行过听证会吗？拍卖之后所得资金又将流向何处？"更有市民表示，拍卖人行道经营权，简直闻所未闻，"城管部门是否涉嫌乱作为？"

【解析】

本案涉及行政许可的设定范围和权限问题。

（1）是否可以对该人行道的使用进行行政许可。根据《行政许可法》，一般以下事项是不能设立行政许可的。

第一类是公民、法人或者其他组织能够自主解决的事项。只要是作为社会成员的个人和组织能够自主解决的问题，都应该留给他们自己去解决，不仅政府不要去干预，自律组织也不可去干预。

第二类是市场竞争机制能够有效解决的。市场竞争机制是解决诸多经济问题的第一选择手段，它公平、迅速而且成本低廉。现在的很多问题，如产品质量问题、信誉低下问题、市场竞争无序问题等，在很大程度上都要靠市场本身的力量来解决。市场竞争可以产生很多机制，如利益机制、信誉机制，这些机制对于维护市场自身运转、解决市场经济中的问题都具有根本意义。

第三类是行业组织或者中介机构能够自律管理的。自律管理是一种来自市场又超越市场的信誉机制和利益机制。自律管理带有一定的公共性，但这种公共性是建立在自律管理成员自愿和共同利益的基础上的，其发挥作用的机能是利益和信誉。现行许多资质、资格的许可，产品质量的许可，核准性的许可，实际上都可以通过行业组织或者中介机构的自律管理来替代。

第四类是采用事后监督等其他行政管理方式能够解决的事项。行政许可作为一种事前监督管理方式，其主观性很强，运作的成本很高。因此，即使需要政府管理的事项，也可以先考虑采取事后管理的方式。

从本案来看，该路段本是当地政府为市民休闲娱乐所需而建设的，属于公共资源。然而，由于该路段所处地理位置风景优美，游人较多，引来个体摊贩来此摆设茶摊。这样，一方面茶摊的存在，可以解决一部分无业人员的就业，也为游玩群众增添了休闲项目。另一方面，茶摊的无序设置，不但影响行人通行，容易引起茶摊之间、茶摊和行人之间的矛盾，也对城市环境卫生造成了极大的压力。这种矛盾，是公民、法人或者其他组织不能自主解决的，也不能通过市场竞争机制予以协调，更缺乏相应的行业组织或者中介机构能够自律管理。该涉案路段实际上已经从原来的人行道路，变为市民休闲娱乐的“黄金路段”。如果通过行政处罚等管理方式，不但容易造成摊贩和行政管理机关的对立，也使摊贩中的无业人员失去了生计所在，而市民也失去了在沱江边饮茶娱乐的趣事。单纯的行政处罚方式已经不能适应该涉案地段的社会环境因素、人文因素的变化，不能完全解决涉案路段的混乱局面。因此，以行政许可改变对该路段的管理和营运是可行的。

(2) 对该人行道设定行政许可的事项类型。设定行政许可事项的类型分为：

第一，普通许可事项。普通许可需符合三个条件：一是这类事项应当是防范危险、保障安全的事项；二是法律对这类事项没有禁止但都附有条件；三是符合《行政许可法》第十一条、第十三条的要求。即直接涉及国家安全、公共安全、经济宏观调控、生态环境保护以及直接关系人身健康、生命财产安全等特定活动，需要按照法定条件予以批准的事项。

第二，特许事项。特许事项即有限资源开发利用、公共资源配置以及直接关系公共利益的特定行业的市场准入等，需要赋予特定权利的事项。

第三，认可事项。认可事项即提供公众服务并且直接关系公共利益的职业、行业，需要具有特殊信誉、特殊条件或者特殊技能等资格、资质的事项。

第四，核准事项。核准事项即直接关系公共安全、人身健康、生命财产安全的重要设备、设施、产品、物品，需要按照技术标准、技术规范，通过检验、检测、检疫等方式进行审定的事项。

第五，登记事项。登记事项即企业或者其他组织的设立等需要确定主体资格的事项。这种作为行政许可的登记，是企业或者其他组织未经登记就没有从事某种活动的能力或者资格。

第六，法律、行政法规规定的其他事项。就本案而言，人行道本身是公共资源，而这种“拍卖”是对公共资源的一种配置。通过这种有偿的“拍卖”，授予茶摊经营者一种在涉案路段经营的特定权利，而这种经营的特许权利也是可以转让的。因此，这种行政许可属于对特许事项的许可。

(3) 行政许可设定权限。根据《行政许可法》的规定，法律，行政法规，国务院的决定，地方性法规，省、自治区、直辖市人民政府规章可以设定行政许可；其他规范性文件一律不得设定行政许可。

第一，凡《行政许可法》规定可以设定行政许可的事项，法律都可以设定行政许可。

第二，对可以设定行政许可的事项，尚未制定法律的，行政法规可以设定行政许可。

第三，必要时，国务院可以通过发布决定的方式设定行政许可，实施后，除临时性行政许可事项外，应当及时提请全国人大及其常委会制定法律，或者自行制定行政法规。

第四，对于可以设定行政许可的事项，尚未制定法律、行政法规的，地方性法规可以设定行政许可。

第五，对于可以设定行政许可的事项，尚未制定法律、行政法规和地方性法规的，因行政管理需要，确需立即实施行政许可，省、自治区、直辖市人民政府可以设定临时性的行政许可。临时性行政许可实施满一年，需要继续实施的，应当提请本级人大及其常委会制定地方性法规。

从本案看，对在人行道的经营行为进行行政许可符合《行政许可法》规定可以设定行政许可的事项，但是法律、行政法规和国务院的决定中没有关于这种情况的规定，并且四川省人大及其常委会制定的地方性法规和四川省人民政府所制定的政府规章中也没有关于这种情况的规定。那么某市城市管理局是否可以自行设定关于人行道经营的行政许可呢？

从本案看，按照《立法法》第六十三条第二款和第七十三条第一款，较大的市的人民代表大会及其常务委员会根据本市的具体情况和实际需要，在不同宪法、法律、行政法规和本省、自治区的地方性法规相抵触的前提下，可以制定地方性法规，报省、自治区的人民代表大会常务委员会批准后施行；省、自治区、直辖市和较大的市的人民政府，可以根据法律、行政法规和本省、自治区、直辖市的地方性法规，制定规章。《立法法》所规定的“较大的市”是指“省、自治区的人民政府所在地的市，经济特区所在地的市和经国务院批准的较大的市。”目前，国务院批准的“较大的市”共有18个，包括：唐山、齐齐哈尔、吉林、抚顺、鞍山、大连、本溪、邯郸、大同、包头、青岛、淄博、洛阳、淮南、无锡、宁波、徐州、苏州。原1984年12月15日国务院批准的“较大的市”中还包括重庆市，1997年重庆市已经成为直辖市，不计入此内。经济特区所在地的市包括深圳、珠海、汕头、厦门。而本案中的某市既不是省会城市和直辖市，也不是国务院批准的“较大的市”，因此，某市人大及其常委会没有地方性法规的制定权，某市政府也没有地方政府规章的制定权。而且更重要的是，地方各级人民政府的部门只能制定规范性文件，而无规章制定权。所以，在本案中某市城管部门设想通过拍卖人行道经营权的办法，一方面解决部分下岗职工的就业问题，另一方面缓和管理上的矛盾，更好地维护市容环境，其初衷是好的，但某市城市管理局无权设置行政许可对人行道的经营权进行拍卖。

案例分析21　某派出所补发户口簿的行为是什么行为

案　例

周某是李某的母亲。2000年12月之前，某市A小区17号102室内只有周某与儿子李某二人居住。2000年12月，周某的户口从A小区迁到B小区与其女儿同住。2001年3月，周某的女儿因住房困难分配新房，周某作为住房人员之一，户口亦一同迁入新居。周某在其女儿分得新房后，欲将自己的户口再迁回A小区，但被其儿子李某拒绝。周某便谎称户口簿遗失，撇开李某向A小区所在派出所提出入户申请，该派出所在接受周某提出的补发户口簿申请后，未经调查核实，便于2003年6月作出补发A小区17号102室的户口簿，迁入周某的户口。李某对此不服，于2003年12月向法院起诉，该派出所自动收回了补发的户口簿。

【解析】

本案涉及行政确认行为问题。

行政确认是行政主体对行政相对人的法律关系或有关法律事实予以澄清、确定、证明并宣告的具体行政行为。行政确认的最大特点是不直接改变行政相对人的法律地位及相关的法律事实，只是一种认定。行政确认的特征包括：第一，行政确认是要式的行政行为。由于行政确认的直接表现形式是对特定的法律事实或法律关系是否存在的甄别和宣告，所以，行政主体在作出确认行为时，必须以书面的形式作出。第二，行政确认是羁束的行政行为。行政确认的目的是确定管理相对方的法律地位和权利义务，是严肃的法律行为，具有严格的规范性。第三，行政确认的外在表现形式，往往以技术鉴定书等形式出现，在较大程度上受到技术规范的制约，并由此决定管理相对方的法律地位和权利义务。行政主体通常以行政确认作为作出行政处理决定的前提，规定管理相对方的法律地位和权利义务。第四，行政确认的内容或目的是对行政相对人的法律地位和权利义务的确定。第五，行政确认的直接对象是那些与行政相对人的法律地位和权利义务紧密相关的特定法律事实或法律关系。

本案中补发户口簿的行为是行政确认。虽然行政确认不直接创设新的权利义务或者法律关系，但行政确认能使个人、组织的法律地位和权利义务取得法律上的承认，是公民、组织取得其他权利的依据。而且，行政确认往往涉及到第三人的利益，如果行政机关将行政管理相对人的不存在的或不真实的法律事实和法律关系加以确认，由于行政机关的行政行为的公定力，将使第三人合法利益受到直接或间接的影响。为了防止违法行政确认损害到第三人的合法权益，要求确认机关在作出确认决定前，应当全面调查收集有关的证据材料，当事人也有义务向行政机关提供有关的材料。即行政机关在作出行政确认前，必须确认有合法真实的法律关系和法律事实的存在，而不能把违法的、虚假的法律关系和法律事实加以确认。另外，为了防止行政机关滥用行政确认权，法律规定行政确认违法的，第三人有行政救济权即申请复议和提起行政诉讼的权利，由行政复议机关和人民法院对违法行政确认予以撤销或者变更。本案中，A 小区所在派出所在补发周某的户口簿前，没有查找以前的登记记录，也没有征求 A 小区 17 号 102 室户口簿的户主李某的意见。而周某隐瞒户口簿依然存在的事实，采取谎称丢失的办法申请补发户口簿，也没有尽到如实申报的义务，导致补发了不应补发的户口簿。此外，补发户口簿的行政确认行为违反了《中华人民共和国户口登记条例》以及相关户口管理规章中“一户只能有一本户口簿，户主负责户口申报登记”的规定，侵害了李某的合法权益。因此，该派出所主动收回所补发的户口簿，纠正自己违法的行政确认行为是正确的。

案例分析 22　怎样认识行政处罚的“一事不再罚原则”

案　例

某市城南煤气公司由于工作的需要，急需在长乐路 20～48 号路段埋设煤气管道以应急由于前一段时间损坏的供气管道。该公司施工人员在挖掘路面时损坏了市民张某的自来水供水管道，张某向该市城管执法局举报，某市城管执法局人事科接到举报后，立即组织人员到现场进行了调查勘验，发现城南煤气公司挖掘的人行道的路面造成长 25 米、宽 1.5 米的长形坑道，其最近的挖掘点距离人行道行道树只有 0.8 米，执法人员在现场发现了挖掘出来的行道树的主根须，队员要求其出示合法手续，在该公司未能提供的情况下，某市城管执法局人事科以自己的名义开具了停工通知单，要求城南煤气公司到大队接受处理。

【解析】

本案涉及行政处罚中的一个重要原则：一事不再罚。

一事不再罚原则是行政处罚中的一项重要原则，是指对行政相对人的同一个违法行为，不得以同一事实和同一依据给予两次以上的行政处罚。我国《行政处罚法》第二十四条规定：“对当事人的同一个违法行为，不得给予两次以上罚款的行政处罚。”这是对一事不再罚款原则在法律上的确立，这表明对一个行政相对人的同一个违法行为，不论是否基于同一个理由和依据，都不得给予两次以上的罚款。这是为了遏制多头处罚和重复处罚。一事不再罚中的“一事”指的是同一个违法行为，即构成要件上只符合一个违法行为的特征。如果当事人实施的不止一个违法行为，就不再适用一事不再罚原则了。

一事不再罚款原则仅是一事不再罚原则的一个部分。在具体运用“一事不再罚款”原则时，可以从以下几个方面加以把握：第一，必须是同一个违法行为，即同一个违法事实，既包括一个行为违反一个法规的情况，也包括一个行为违反几个法律、法规的情况及连续或继续状态的违法行为，但不包括多个违法行为。第二，可以处罚多次，但罚款只能适用一次。第三，违法行为如果情节严重同时构成犯罪的，在被追究刑事责任后依法还应予以行政处罚的，仍可适用。

该案件中，某市城南煤气公司在未办理合法手续的前提下挖掘人行道的行为违反了《某市城市道路设施管理条例》的规定，应当给予行政处罚。同时，该公司的挖掘地点距离树木只有0.8米，并造成了行道树的损害，触犯了《某市城市绿化管理条例》的规定，也应当给予行政处罚。所以，在该案件中煤气公司的挖掘行为同时触犯了两个法条的禁止性规定。但事实上该公司只实施了一个违法行为，却造成了两个损害结果。根据《行政处罚法》规定的一事不再罚原则，对该挖掘的违法行为要处以罚款时，应当只能给予一次罚款，而不能依据两个法律依据分别给予罚款。但是，可以作出其他种类的行政处罚。

案例分析23 某市房管局房屋安全鉴定管理办公室是否有权作出行政处罚决定

案 例

某市东方宾馆为改善经营环境，提高宾馆档次，从2000年10月开始装修。11月6日，东方宾馆接到市房管局的通知，要求其到市房管局房屋安全鉴定管理办公室（以下简称安全鉴定办）办理安检手续，并交纳安检费。东方宾馆认为自己未改动建筑物的主体结构，而只是对建筑物的表面做了装修，不需要安检，因此没有到安全鉴定办申请安检，也没有交纳安检费用。11月20日，市房管局下达《建设行政处罚决定书》，对东方宾馆罚款50万元，并责令其立即补办该楼房的装修安全申报手续，并加盖了市房管局房屋安全鉴定管理办公室的印章。东方宾馆对市房管局的处罚决定不服，向市政府申请复议。

【解析】

本案涉及行政机关内设机构的执法主体资格问题。

在行政活动中，行政机关是最重要的行政主体，它代表着国家或地方独立进行管理。行政机关的内设机构是行政机关的内部组成部分，非经法律法规或规章授权，行政机关的内设机构不能以自己的名义独立对外行使行政管理权。行政机关内设机构的行为引起的后果，由该行政机关承担。《关于执行〈行政诉讼法〉若干问题的解释》第二十条第二款规定："行政机关的内设机构或者派出机构在没有法律、法规或者规章授权的情况下，以自己的名义作出具体行政行为，当事人不服提起诉讼的，应当以该行政机关为被告。"《依法行政实施纲要》也明确指出，非行政机关的组织未经法律、法规授权或者行政机关的合法委托，不得行使行政执法权。可见，行政机关的内设机构非经法律、法规的授权，不具有行政执法的主体资格。

在本案中，《建设行政处罚决定书》虽然是房管局下达的，但加盖的是安全鉴定办的印章，应视为该处罚是由安全鉴定办以自己的名义作出的，而安全鉴定办属于市房管局的内设机构，依法不具有独立的行政执法主体资格。根据《行政处罚法》第十五条的规定："行政处罚由具有行政处罚权的行政机关在法定职权范围内实施。"安全鉴定办属于内设机构而非行政机关，不具有行政处罚权，因此以其名义作出的处罚属于违法行为。

案例分析 24　某市交通运输管理处依据《某市出租汽车客运管理办法》作出的处罚决定是否合法

案　例

为了加强出租汽车管理，1994 年 8 月 24 日，某市人民政府（系国务院批准的较大的市）制定、发布了《某市出租汽车客运管理办法》。该《办法》第四条第四款规定："在营运中无正当理由中断服务的，属拒载乘客行为。"该办法第四十一条第（三）项规定："经营者无故拒载乘客，强行拉客或无正当理由中断服务的，客运管理部门可予以扣车、责令停业整顿。"1996 年 9 月 4 日晚 6 时 30 分左右，出租车司机李某驾驶出租车在某市火车站出租汽车经营点，遇到乘客施某搭乘出租车。行驶一段路程后，李某以需接亲戚为由叫施某下车。第二天施某向该市交通运输管理处举报，说明了时间、地点、出租汽车牌号以及拒载乘客的经过。9 月 7 日下午，某市交通运输管理处向李某发出交字第 403948 号道路运输违章处罚决定书，以李某拒载乘客，违反了《某市出租汽车客运管理办法》第四十一条第（三）项的规定，给予李某停业整顿 30 天的行政处罚。李某对相应的处罚不服，认为该《办法》不合理，于 9 月 10 日向人民法院提起行政诉讼。

【解析】

本案涉及行政处罚的设定权问题。

行政处罚的设定是指国家机关依照职权和实际需要，在有关法律、法规或者规章中，自行创制设定行政处罚的权力。《行政处罚法》第九条至第十四条明确规定了行政处罚的设定权。《行政处罚法》第九条规定：法律可以设定各种行政处罚。限制人身自由的行政处罚，只能由法律设定。第十条规定了行政法规的设定权。该条规定：行政法规可以设定除限制人身自由以外的行政处罚。法律对违法行为已经作出行政处罚规定，行政法规需要作出具体规定的，必须在法律规定的给予行政处罚的行为、种类和幅度的范围内规定。第十一条规定了地方性法规的设定权。该条规定：地方性法规可以设定除限制人身自由、吊销企业营业执照以外的行政处罚。法律、行政法规对违法行为已经作出行政处罚规定，地方性法规需要作出具体规定的，必须在法律、行政法规规定的给予行政处罚的行为、种类和幅度的范围内规定。此外，国务院部委规章也有一定的行政处罚设定权。《行政处罚法》第十二条第二款规定：尚未制定法律、行政法规的，前款规定的国务院部、委员会制定的规章对违反行政管理秩序的行为，可以设定警告或者一定数量罚款的行政处罚。罚款的限额由国务院规定。《行政处罚法》第十三条规定了地方政府规章的行政处罚设定权：省、自治区、直辖市人民政府和省、自治区人民政府所在地的市人民政府以及经国务院批准的较大的市人民政府制定的规章可以在法律、法规规定的给予行政处罚的行为、种类和幅度的范围内作出具体规定。尚未制定法律、法规的，前款规定的人民政府制定的规章对违反行政管理秩序的行为，可以设定警告或者一定数量罚款的行政处罚。罚款的限额由省、自治区、直辖市人民代表大会常务委员会规定。

本案中，某市是经国务院批准的较大的市，根据法律的规定，某市政府有权制定地方政府规章。为了加强出租汽车管理，某市人民政府有权制定、发布《某市出租汽车客运管理办法》，其制定的规章可以在法律、法规规定的给予行政处罚的行为、种类和幅度的范围内作出具体规定。尚未制定法律、法规的，前款规定的人民政府制定的规章对违反行政管理秩序的行为，可以设定警告或者一定数量罚款的行政处罚。但《某市出租汽车客运管理办法》中有关扣车、责令停业整顿 30 天的规定，与《行政处罚法》第十三条的规定相悖，应当认定为无效。

案例分析 25　某地卫生局没有告知医药有限公司听证权是否构成程序违法

案　例

某地一医药有限公司销售 X 批号的胃苏冲剂，经省药检所检验，报告该批胃苏冲剂性状和装量差异不符合规定，且未检验出重要成分之一辛弗林。该地卫生局依据《中华人民共和国药品管理法》第三十三条规定，认定该批胃苏冲剂为假药，并依据《中华人民共和国药品管理法实施办法》第四十八条规定，于1998年1月12日作出了没收违法所得并处罚款，对负有责任的法定代表人罚款1000元、直接责任人罚款2000元的处罚决定。该医药有限公司以处罚决定认定事实不清、没有告知被处罚人有申请听证的权利等为由向上一级卫生主管部门申请复议。复议机关认为某地卫生局在作出行政处罚决定前没有按《行政处罚法》的规定，告知当事人作出行政处罚的事实、理由及依据并听取当事人陈述和申辩。另外，省政府于1997年12月24日印发《某省行政处罚听证程序规定》，确定对公民处以1000元以上的罚款为较大数额罚款。某地卫生局于1998年1月12日作出处罚决定时，没有告知行政管理相对人听证的权利。因此，复议机关撤销了某地卫生局的某某号行政处罚决定，责令其重新按法定程序作出行政处罚决定。

【解析】

本案涉及行政处罚听证制度问题。

告知原则是行政处罚听证中的重要原则，也是行政处罚的重要原则。行政机关举行听证，作出行政决定前，应当告知行政管理相对人听证所涉及的主要事项和听证时间、地点，以确保行政管理相对人有效行使抗辩权，从而保证行政决定的合法性与适当性。不能及时得到通知，没有充分的准备时间，就意味着当事人没有机会取证和准备辩论，不知道听证涉及的主要问题，就无法做必要的听证准备，难以行使自卫抗辩的权利。所以，《行政处罚法》第四十二条规定，“行政机关作出责令停产停业、吊销许可证或者执照、较大数额罚款等行政处罚决定之前，应当告知当事人有要求举行听证的权利”；“行政机关应当在听证的七日前，通知当事人举行听证的时间、地点”。

告知原则是听证制度的核心内容之一，包含以下要求：第一，告知的对象。行政机关举行听证前，应当将听证事项及时间、地点告知行政管理相对人。行政管理相对人的范围，即告知的对象，《行政处罚法》将其界定为“当事人”，即受处罚人。由于听证的目的是听取利害相关人的意见，不仅限于受处罚人或当事人的意见，所以，听证告知的对象应当比当事人更广，包括行政管理相对人和其他利害关系人。第二，告知的时间。听证前告知的目的是便于利害相关人出席听证会或准备陈述意见和辩论，所以在告知听证权利和听证时间与正式举行听证之间，应当给利害关系人预先留出一定的准备时间。《行政处罚法》规定为7日。第三，告知的内容。听证前告知的内容应当包括当事人要求举行听证的权利，听证的大致内容及涉及的重要事项以及听证时间、地点、听证机关等。《行政处罚法》对此未作详细规定，各地和各部门在有关听证的实施办法中对此进一步细化，增加了“当事人的姓名、名称、违法行为、行政处罚的理由、依据和拟作出的行政处罚决定”等。第四，告知的方式。听证前的告知通常采用三种方式：一是书面直接送达；二是邮寄告知；三是公告送达。《行政处罚法》未作规定，但各地及各部门实施行政处罚法的具体办法除规定上述三种送达方式外，还包括委托送达，口头告知（但要记入笔录）等。

本案中，根据《某省行政处罚听证程序规定》，对公民处以1000元以上的罚款为较大数额罚款。对于较大数额的罚款，依照《行政处罚法》的规定，应当告知当事人有要求举行听证的权利。此案某地卫生局作出对某医药有限公司的负有责任的法定代表人罚款1000元、直接责任人罚款2000元的处罚决定，属于较大数额的罚款，应当告知当事人有权要求听证，但某地卫生局作出处罚决定时，没有依法告知行政管理相对人听证的权利。因此，复议机关撤销某地卫生局的行政处罚决定，责令其重新按法定程序作出行政处罚决定的复议决定是正确的。

案例分析26　救援公司拖车行为的法律性质及收费是否合理

案　例

2010年9月3日，许女士驾车走高速，由于躲避大车，致车辆发生侧翻，身体受伤严重。交警随后赶来对事故进行处理。许女士事后得知其车辆已被救援公司拖走。第二天，许女士的丈夫随保险公司的拖车前往救援公司取车。救援公司向许女士的丈夫要求支付5590元（拖车公里数41公里，拖车费2410元，吊车费3140元，停车费40元），否则不让许女士的丈夫提车。随后，保险公司的拖车拉着许女士的车回修理厂，行程80公里，收费800元。许女士的丈夫备感诧异，第一次拖车41公里，却收费5000多元，于是询问了救援公司。救援公司说收费标准是他们自己说了算，别人的管不着。

【解析】

本案涉及行政强制执行中的代履行问题。

代履行是指行政机关依法作出要求当事人履行排除妨碍、恢复原状等义务的行政决定，当事人逾期不履行，经催告仍不履行，其后果已经或者将危害交通安全、造成环境污染或者破坏自然资源的，行政机关可以代履行，或者委托没有利害关系的第三人代履行被执行人的作为性的行政法义务，由被执行人承担必要费用的行政强制执行方式。《行政强制法》第五十二条规定了立即实施代履行，即：需要立即清除道路、河道、航道或者公共场所的遗洒物、障碍物或者污染物，当事人不能清除的，行政机关可以决定立即实施代履行；当事人不在场的，行政机关应当在事后立即通知当事人，并依法作出处理。

本案属于立即实施代履行的情形。在交通事故发生以后，许女士负有将事故车辆移除事发地点的义务，但仅凭个人力量无法及时清理现场，为保障交通秩序的畅通，交警部门可以决定立即实施代履行，救援公司接受了交警部门的委托，及时将事故车辆移走，替代许女士履行了拖车义务，保障了交通的畅通。因此，其行为属于行政法上的代履行。

此外，按照公平原则，本案救援公司应当按照合理的成本来计算代履行费用，《行政强制法》第五十一条亦规定，代履行的费用按照成本合理确定，由当事人承担。本案救援公司拖车41公里，收费5590元，而保险公司拖车80公里，收费仅800元，显然救援公司收费并不合理。

案例分析27　对县政府的裁决行为是否可以提起行政诉讼

案　例

王某与张某是同村住宅相邻的两户农民。两户关于宅基地多划线已有多年纷争。2008年5月，王某翻建住宅，两家矛盾再次爆发。乡政府多次协调不成，张某天天去县政府上访。该县政府直接出面协调，最后作出《关于王某与张某宅基地使用权中界线的处理决定》（本案例中以下简称《决定》）。王某与张某收到县人民政府的《决定》后，均表示不服，便向当地人民法院提起诉讼。但当地法院在立案时，关于应以民事案件立案，还是以行政案件立案有不同意见。主张以民事案件立案的理由是：两户农民宅基地的纠纷属于平等主体之间的民事纠纷；主张以行政案件立案的理由是：两户农民不服并所控告的是县政府的行政处理决定，县政府作出处理决定属于行政行为，而不是民事行为。

【解析】

本案涉及行政裁决问题。

行政裁决是行政主体依照法律授权，对平等主体之间发生的、与行政管理活动密切相关的、与合同无关的特定的民事纠纷进行审查并作出裁决的具体行政行为。

行政裁决的特征包括：第一，行政裁决的主体（即裁决者）是法律授权的特定的行政机关，其与行政争议没有利害关系的行政机关。第二，行政裁决的对象是特定的民事纠纷，其具有特定性，行政机关不能对所有的民事纠纷都进行行政裁决，而只能裁决那些法律规定的与行政管理事项有关的民事纠纷。第三，行政裁决是行政主体行使行政裁判权的活动，具有法律权威性。行政裁决权的行使，具有行使一般行政权的特征，对行政裁决不服的，可向人民法院提起行政诉讼。第四，行政裁决是一种特殊的具体行政行为，通常是以申请人的申请开始的，以协商或调解的形式作为前置处理的程序。当行政机关依法作为第三方出面解决民事纠纷并进行调解时，若经调解达成协议，双方当事人自觉履行，纠纷便得以解决；若调解达不成协议，行政机关可以依据法律授权或依据当事人依法申请进行裁决。但经此裁决后，由于介入了行政机关的行政行为，性质就发生了质的变化，若当事人对此裁决仍有异议，就不仅存在原有的民事纠纷，而且还产生了一个行政争议，并且民事纠纷退居于从属地位。

在本案中，县人民政府对王某与张某之间的宅基地使用权的处理，属于一种行政裁决行为。这一权力来源于《土地管理法》的规定。《土地管理法》第十六条规定："土地所有权和使用权争议，由当事人协商解决；协商不成的，由人民政府处理。单位之间的争议，由县级以上人民政府处理；个人之间、个人与单位之间的争议，由乡级人民政府或者县级以上人民政府处理。当事人对有关人民政府的处理决定不服的，可以自接到处理决定通知之日起三十日内，向人民法院起诉。在土地所有权和使用权争议解决前，任何一方不得改变土地利用现状。"所以，该县人民政府作出的"关于王某与张某宅基地使用权中界线的处理决定"，属于行政裁决行为。虽然行政裁决处理的是民事关系，但行政裁决行为本身是一种行政行为，因为它是行政主体基于行政职权作出的。既然行政裁决是行政行为，那么当事人对其不服提起诉讼的话，属于行政诉讼而不是民事诉讼。

案例分析 28　某民政局停发林某伤残抚恤金是否合法

案　例

林某是孤老伤残复员军人，于 1951 年退伍回乡，享受当地民政部门给予的伤残抚恤金，并持有某市民政局发给的优抚（救济）对象定期抚恤（补助）证，发证时间为 1998 年 7 月 1 日，伤残抚恤金额每月为 110 元，为方便林某领取，该款由某市民政局每月拨给林某所在某乡人民政府。1999 年 3 月，某乡政府成立敬老院，林某符合补助条件，于是某乡政府安排其入住。半月后，因为不适应环境，林某私自离开。当林某再次去某乡政府领取伤残抚恤金时，被告知因为其已经入住敬老院，政府已经给予其生活上的补助，不再属于发放伤残抚恤金对象，所以某市民政局已停发对他的伤残抚恤金。林某于是向某市人民法院提起行政诉讼，要求某市民政局发给其伤残抚恤金。

【解析】

本案涉及行政给付问题。

行政给付又称行政物质帮助，它是指行政机关对公民在年老、疾病或丧失劳动能力等情况或其他特殊情况下，依照有关法律、法规规定赋予其一定的物质权益或与物质有关的权益的具体行政行为。行政给付是一种典型的授益性行政行为。在人权观念不断普及和发展的现代各国，行政给付对于确保贫困公民过上享有尊严和人格的生活，具有极其重要和深远的意义。行政给付的形式包括：第一，安置。即从工作、生活、居住等方面给予安排，通常指对复员、转业、退伍军人的安排，还包括对无家可归者的安排。第二，补助。由民政部门依法对社会上生活困难的人给予的物质帮助。第三，抚恤。对特定死者的家属、伤残人员给予的物质帮助形式。第四，优待。给予被帮助人以与物质有关的权益的物质帮助形式。第五，救灾扶贫。指在较大范围内对特殊情况下的公民进行的物质帮助形式。

行政机关在行政给付时，要遵循公平、公正、合法的原则，不能随意克扣。行政给付虽然是行政授益行为，其目的在于赋予特定行政管理相对人一定的物质权益或与物质权益有关的权益，但是行政给付并不是给予行政管理相对人的恩典，而是行政机关的职责。应作出行政给付而不给了，行政机关就构成行政失职。现代行政法的理念是服务行政，行政法不只是管理行政管理相对人的法，也是服务行政管理相对人的法。管理是行政机关的职权，服务是行政机关的职责，管理的目的也是为了服务，因此，行政给付应当引起行政机关的重视。

针对本案，林某符合法律上规定的行政给付对象的身份。根据《军人抚恤优待条例》第十八条规定："退出现役后没有参加工作的革命伤残军人，由民政部门发给伤残抚恤金。"第十九条规定："伤残抚恤金的标准，根据伤残性质和伤残等级，参照全国一般职工的工资收入确定。伤残抚恤金和伤残保健金的具体标准，由民政部会同财政部制定。"林某享受伤残抚恤金有行政法规上的依据。该条例第三十八条规定："复员军人未参加工作，因年老体弱、生活困难的，按照规定的条件，由当地民政部门给予定期定量补助，并逐步改善他们的生活待遇。"第三十九条规定："享受本条例规定的抚恤和补助待遇的优抚对象，生活仍有困难的，由所在地的人民政府给予优待照顾。"可见，伤残抚恤金不能因给予定期定量补助或者给予优待照顾而取消。因此，某市民政局以林某已经入住敬老院，政府已经给予其生活上的补助，不再属于发放伤残抚恤金对象为理由停发伤残抚恤金的做法是错误的。

案例分析 29　B 镇人民政府收费行为是否合法

案　例

1995 年 12 月，B 镇人民政府根据其所属 A 市人民政府〔1994〕第 107 号《关于进一步加强我市运输营业税、车船税征收管理的通知》文件精神，B 镇 C 村委主要干部与镇派驻村干部根据镇政府的部署要求，以 B 镇人民政府的名义对本村拥有车辆的农户展开了车船税的缴纳工作。当对秦某农用机动三轮车征税时，秦某以其使用的机动三轮车系借用其胞弟秦小某的为由不予缴纳。为此相关人员将该车强行予以扣押。事发后，秦某将其胞弟秦小某 1995 年 8 月 16 日购车的发票和已向税务机关缴纳车船税 30 元的证明交给工作人员，并要求解决扣车问题未果。1998 年 4 月 20 日秦某及其胞弟秦小某向法院提起行政诉讼，要求撤销 B 镇人民政府具体行政行为，并赔偿扣车损失 2 万元。

【解析】

本案涉及行政征收问题。

行政征收是指行政主体为了国家和社会公共利益的需要，根据法律、法规的规定，以强制的形式向负有法定缴纳义务的公民、法人或其他组织无偿收取一定财物的一种具体行政行为，是国家凭借公权力参与国民收入分配和再分配的一种有效方式。行政征收具有三个法律特征：无偿性、强制性、法定性。由于行政征收的无偿性以及强制性，决定了其对行政管理相对人的权益始终都具有侵害性。因此，为了确保行政管理相对人的合法权益不受违法行政征收行为的侵害，必须确立行政征收法定的原则。将行政征收的整个过程纳入法律调整的范围，使具体的行政征收行为受相对稳定的法律的支配，使行政征收项目、行政征收程序都有法律上的明确依据，这是现代行政，特别是侵益行政行为所必须遵循的原则。行政征收的法定性具体表现在以下几点：第一，行政征收的主体法定。行政征收的主体只能是行政机关，在具体的行政征收中，哪一个行政机关成为某一特定行政征收主体，则由法律予以规定。我国的征税主体有两类：税务机关和海关。第二，行政征收的依据和程序是法定的。第三，行政征收的缴纳主体也是法定的。

本案B镇C村委主要干部与镇派驻村干部根据镇政府的部署要求，为完成征税任务，即以B镇人民政府的名义对本村拥有车辆的农户展开了征收车船税的交纳工作，属于行政征收主体不合法。B镇人民政府根据其所属A市人民政府〔1994〕第107号《关于进一步加强我市运输营业税、车船税征收管理的通知》文件精神，向村、镇、直属单位安排征税具体工作，其征税的程序依据只是A市人民政府发布的规范性文件，而这类规范性文件并不能设立征税主体，也不能作为征税的依据，因此属于依据违法。

此外，秦某将其借用秦小某于1995年8月16日购车的发票及已向税务机关交纳车船税30元的证明交于村委会干部，足以证明该车所有权不属于秦某。而B镇人民政府在扣押车辆后得知该情况时，并未采取积极措施纠正错误的行政行为，而要求不拥有车辆所有权的秦某缴纳税款，属于缴纳主体不适格，理应撤销，由此给行政管理相对人带来的经济损失也应由其承担赔偿责任。而且，秦某所用的三轮车是借秦小某的和秦小某已缴纳了该三轮车应交的税款等事实清楚，证据充分，足以认定，所以扣押秦某借用秦小某的三轮车行为是违法的，应予撤销。

案例分析30 某市人口计生局可否制定行政奖励办法

案例

某市人口计生局调查发现：某市出生人口男女性别比例已经严重失调。而这一情况的出现，是因为在“重男轻女”思想作祟下，产前违规鉴别胎儿性别的现象层出不穷所致。于是，某市人口计生局公布《某市有奖举报违法施行胎儿性别鉴定和选择性别的人工终止妊娠行为实施办法》，规定市民每举报一起他人违法施行非医学需要的胎儿性别鉴定和选择性别的人工终止妊娠的案件，将获1000元至2000元的奖励。

【解析】

本案涉及行政奖励问题。

行政奖励是指行政主体为了表彰先进、充分调动和激发人们的积极性与创造性，依照法定条件和法定程序，对为国家和社会作出重大贡献的行政相对人，给予物质或精神鼓励的具体行政行为。行政奖励的特征主要为：第一，行使行政奖励的主体必须具备行政主体资格，即必须是国家行政机关或法律法规授权的社会组织；第二，其目的在于表彰和鼓励先进，鞭策和促进后进，调动和激发人们的创造性和积极性；第三，奖励的对象十分广泛，不论是我国公民或集体，还是外国人、无国籍人，均可以作为行政奖励的对象；第四，奖励的形式包括物质奖励和精神奖励，一般情况下二者合并采用；第五，其性质是行政主体依法律、法规的规定，赋予受奖励者以奖励性权益的无强制执行力的一种具体行政行为。

本案中，某市人口计生局可否制定该行政奖励办法，就涉及行政奖励的合法性如何理解的问题。行政奖励是否须有法律的明文依据？如果没有法律依据，行政奖励是否有效？应当说，行政奖励是一种具体行政行为，而具体行政行为可以分为两大类：行政限权行为和行政赋权行为。行政限权行为和行政赋权行为的合法性要求是不同的。行政合法性原则有两个层次的理解：对于行政机关限制公民权利或给公民增加义务的，必须有法律明确的规定；对于行政机关保障公民权利或给公民增加权益的，则只要不与已有法律、法规、规章相抵触即可。某市人口计生局公布的《某市有奖举报违法施行胎儿性别鉴定和选择性别的人工终止妊娠行为实施办法》中有关奖励的规定，是对公民增加权益的规定，没有与现行法律规定不一致。因此，该规定是合法的。

第五章　行政复议

48. 什么是行政复议

行政复议，是指公民、法人或者其他组织认为行政机关的具体行政行为侵犯其合法权益，向行政复议机关申请复议，由复议机关对该具体行政行为进行审查并作出相应决定。行政复议是解决行政争议的一种制度，它通过行政司法途径，依特定的行政司法程序解决行政争议。行政复议兼具行政性与司法性于一身，是一种行政司法活动。

行政复议具有以下特征：第一，行政复议是一种行政行为。行政复议的主体只能是国家行政机关，是国家行政机关自身实行的一种内部约束。行政复议的对象主要是行政机关或法律、法规授予一定行政管理权的组织作出的具体行政行为。行政相对人对具体行政行为不服可以申请行政复议。第二，行政复议的被申请人必须是行政机关或法律、法规授予一定行政管理权的组织。引起行政复议的原因是行政机关或法律、法规授予一定行政管理权的组织行使行政管理权，与作为行政管理相对人的公民、法人或其他组织发生了行政争议。第三，行政复议必须由不服具体行政行为的行政相对人提起。这是区别行政复议与其他具体行政行为的一种重要特征。具体行政行为侵犯的只能是行政管理相对人。第四，行政复议的复议权一般由做出具体行政行为的行政机关的上一级行政机关和法律规定的其他机关来行使。这是因为，作出具体行政行为的行政机关是行政争议的一方当事人，自己充当自己案件的"审判官"是难以做到公平公正的。所以，行政复议权主要是由上一级行政机关和法律规定的其他机关来行使。第五，行政复议必须严格依照法律规定的程序加以进行。行政管理相对人提出行政复议申请，必须在法定复议申请期限内，并以法律允许的方式和途径提出；行政复议机关对行政复议申请，应当依法审查并作出处理；行政复议机关在受理复议申请后，要依法审理并按期作出行政复议决定。

49. 行政复议的受案范围有哪些

行政复议的范围主要包括以下 11 种具体行政行为：第一，对行政机关作出的警告、罚款、没收违法所得、没收非法财物、责令停产停业、暂扣或者吊销许可证、暂扣或者吊销执照、行政拘留等行政处罚决定不服的。第二，对行政机关作出的限制人身自由或者查封、扣押、冻结财产等行政强制措施决定不服的。第三，对行政机关作出的有关许可证、执照、资质证、资格证等证书变更、中止、撤销的决定不服的。第四，对行政机关作出的关于确认土地、矿藏、水流、森林、山岭、草原、荒地、滩涂、海域等自然资源的所有权或者使用权的决定不服的。第五，认为行政机关侵犯其合法的经营自主权的。第六，认为行政机关变更或者废止农业承包合同，侵犯其合法权益的。第七，认为行政机关违法集资、征收财物、摊派费用或者违法要求履行其他义务的。第八，认为符合法定条件，申请行政机关颁发许可证、执照、资质证、资格证等证书，或者申请行政机关审批、登记有关事项，行政机关没有依法办理的。第九，申请行政机关履行保护人身权利、财产权利、受教育权利的法定职责，行政机关没有依法履行的。第十，申请行政机关依法发放抚恤金、社会保险金或者最低生活保障费，行政机关没有依法发放的。第十一，认为行政机关的其他具体行政行为侵犯其合法权益的。

根据规定，公民、法人或者其他组织认为行政机关的具体行政行为所依据的下列规定不合法，在对具体行政行为申请复议时，可以一并向行政复议机关提出对该规定等抽象行政行为的审查申请：第一，国务院部门的规定。第二，县级以上地方各级人民政府及其工作部门的规定。第三，乡、镇人民政府的规定。前款所列规定不含国务院部、委员会规章和地方人民政府规章。规章的审查依照法律、行政法规办理。

下列事项，不能申请复议：第一，不服行政机关作出的行政处分或者其他人事处理决定的。第二，不服行政机关对民事纠纷作出的调解或者其他处理的。此外，对于国防、外交等国家行为不服的，也不能申请复议。

50. 如何理解行政复议与行政申诉的关系

行政复议，是指公民、法人或者其他组织认为行政机关的具体行政行为侵犯其合法权益，向行政复议机关申请复议，由复议机关对该具体行政行为进行审查并作出相应决定。行政申诉是指当事人及其法定代理人对已经发生法律效力的判决、裁定、调解，认为确有错误，向原审人民法院和上级人民法院提出的重新处理的一种诉讼请求。在申诉期间，原判决、裁定不停止执行。

行政申诉与行政复议都是由政府部门处理纠纷或有关问题的制度，这两种制度在推进我国社会主义法治国家建设的过程中都发挥了重要作用，且这两种制度在某些方面有相似之处，在概念上和实践中很容易引起混淆。这两种制度又有各自的独特之处，具体表现在：

（1）调整的法律规范不同。行政复议由《行政复议法》加以规定，拥有严格的法定程序。但行政申诉程序目前还没有明确、统一的规范性文件来调整。与行政复议相比较，在受理、裁决等程序方面更为灵活。

（2）提出申请的条件和要求不同。公民、法人或者其他组织认为具体行政行为侵犯其合法权益的，可以自知道该具体行政行为之日起60日内提出行政复议申请。《行政复议法》还规定，不服行政机关作出的行政处分或者其他处理决定的，依照有关法律、行政法规的规定提出申诉。

（3）审查处理的对象和救济的范围不同。行政复议的受案范围由《行政复议法》明确规定，以具体行政行为为受案范围。行政申诉的受案范围更为广泛，如国家工作人员对所在机关的行政处分等内部行政行为不服都属于行政申诉的受案范围。

51. 申请行政复议需要满足哪些条件

申请行政复议应当符合下列条件：

（1）申请人是认为具体行政行为直接侵犯其合法权益的公民、法人或者其他组织。

（2）有明确的申请人。即申请必须在复议申请中，明确指出实施侵犯其合法权益的具体行政行为的行政机关是谁，否则，复议机关的复议活动就无从进行。

（3）有具体的复议请求和事实根据。

（4）属于申请复议范围。

（5）属于受理复议机关管辖。

（6）法律、法规规定的其他条件。

上述六个方面的条件，是公民、法人或者其他组织申请复议所必须具备的必要条件，必须同时具备，缺一不可。另外，申请复议还必须在法定申请复议期限内提出。

52. 行政复议申请人应当如何确定

行政复议申请人是指对行政主体作出的具体行政行为不服，依据法律、法规的规定，以自己的名义，向行政复议机关提起行政复议的公民、法人或者其他组织。

（1）申请人必须是行政相对人。具体行政行为是行政主体行使行政职权的一种客观形态。为了达到行政职权的目的，具体行政行为必须以人作为承受对象，这样的人称为行政相对人。

（2）申请人是被具体行政行为侵害的人。在一般情况下，具体行政行为侵害的当事人是行政复议的申请人。但是在特定条件下，行政复议申请人资格也可能发生转移。根据《行政复议法》规定，行政复议申请人资格转移的情形有：有权申请行政复议的公民死亡的，其近亲属可以申请行政复议。近亲属包括配偶、父母、子女、兄弟姐妹、祖父母、外祖父母、孙子女、外孙子女和其他具有扶养、赡养关系的亲属；有权申请行政复议的法人或者其他组织终止，承受其权利的法人或者其他组织可以申请行政复议。

（3）合伙企业申请行政复议的，应当以核准登记的企业为申请人，由执行合伙事务的合伙人代表该企业参加行政复议；其他合伙组织申请行政复议的，由合伙人共同申请行政复议。

（4）不具备法人资格的其他组织申请行政复议的，由该组织的主要负责人代表该组织参加行政复议；没有主要负责人的，由共同推选的其他成员代表该组织参加行政复议。

（5）股份制企业的股东大会、股东代表大会、董事会认为行政机关作出的具体行政行为侵犯企业合法权益的，可以以企业的名义申请行政复议。

（6）同一行政复议案件申请人超过 5 人的，推选 1 至 5 名代表参加行政复议。

53. 行政复议被申请人如何确定

行政复议被申请人，是指被公民、法人或其他组织就其作出的具体行政行为提出复议申请的该行政主体。行政复议被申请人是与行政复议申请人相对应而存在的。在行政复议活动中，被申请人只能是行使行政管理职权的行政主体。

根据《行政复议法》的规定，被申请人的确认有以下几种情况：

（1）作出具体行政行为的行政机关。公民、法人或者其他组织对行政机关的具体行政行为不服申请复议，该行政机关是被申请人。所谓作出行政行为包括作为与不作为，如公安机关作出行政处罚决定，这是一种作为的行政行为，相对人如不服，该公安机关是被申请人；如公安机关对应该处罚的违法行为不予理会，这是公安机关的不作为，相对人对该不作为不服，该公安机关是被申请人。但是，下级行政机关依照法律、法规、规章规定，经上级行政机关批准作出具体行政行为的，批准机关为被申请人。

（2）共同作出具体行政行为的行政机关。共同行为是指两个或者两个以上的行政机关以共同名义作出的具体行政行为。这种共同行为是行政机关的共同意思表示，它们都对该具体行政行为负有责任。因此，对共同行为申请复议，由共同作出该具体行政行为的行政机关作为共同被申请人。行政机关与法律、法规授权的组织以共同的名义作出具体行政行为的，行政机关和法律、法规授权的组织为共同被申请人。行政机关与其他组织以共同名义作出具体行政行为的，行政机关为被申请人。

（3）法律、法规授权的组织。有的组织虽然不是行政机关，但根据法律、法规的授权，可以行使某些行政管理职能，作出具体行政行为。对这类组织所作出的具体行政行为申请复议的，该组织即为行政复议被申请人。

（4）作出委托的行政机关。行政机关委托特定组织或个人实施的具体行政行为，根据受托人所为行为由委托人承担责任的原理，公民、法人或其他组织不服该具体行政行为而申请复议时，应由委托的行政机关而非受托人作为被申请人。如某环境监测站受城市管理机关的委托，对某餐饮企业超标排放油烟的行为进行检测并查处而引起行政争议时，即由委托的城市管理机关作为被申请人。

（5）作出具体行政行为的行政机关被撤销，申请人不服该机关撤销前所作出的具体行政行为而申请复议时，由继续行使其职权的行政机关作为被申请人。因为按照职权与职责一致的原则，继续行使其职权的行政机关应当承担该职权所产生的后果。实践中行政机关经常因某种原因而被撤销，如分立、合并等，通常是新设立的或接受合并的行政机关为继续行使其职权的行政机关；如无继续行使其职权的行政机关，则由作出撤销决定的行政机关为被申请人。

（6）派出组织。派出组织包括派出机关与派出机构。县级以上地方人民政府依法设立的派出机关作出的具体行政行为，该派出机关是被申请人；政府工作部门依法设立的派出机构所作出的具体行政行为，由设立该派出机构的政府工作部门作为被申请人。行政机关设立的派出机构、内设机构或者其他组织，未经法律、法规授权，对外以自己名义作出具体行政行为的，该行政机关为被申请人。但是，如果法律、法规对派出机构有授权，该派出机构能以自己的名义作出具体行政行为，则该派出机构为被申请人。

54. 行政复议第三人如何确定

行政复议中的第三人与申请人、被申请人同属于行政复议参加人的范畴，是指除申请人、被申请人外，与复议案件有利害关系，为维护自己利益而参与复议程序，享有复议权利和承担复议义务的行政复议参加人。作为具体行政行为的利害关系人，第三人与申请人、被申请人的区别仅在于程序上，申请人是复议程序的发动者，被申请人是申请人复议请求的对象，而第三人则是复议程序启动后主动申请或被复议机关追加而作为第三人参加复议程序的，因此，第三人作为一种特定的当事人，与申请人、被申请人具有一定共性。

行政复议第三人主要分为以下两类：第一，有独立请求权的第三人与无独立请求权的第三人。这主要是从复议请求角度进行区分的，有独立请求是指第三人的复议请求并非依附于申请人或被申请人，而是排斥申请人和被申请人复议请求的独立的复议请求；无独立请求则是指第三人的复议请求不具有独立性，而是依附于申请人或被申请人的复议请求。该种第三人在复议中处于辅助地位，其复议目的是请求复议机关维护申请人或被申请人的复议请求以保护自己的利益。如行政许可案件中，有3位自然人甲、乙、丙竞争一个许可证。行政主体将许可证颁发给甲，乙不服提起行政复议，要求撤销行政主体的行政许可，并令其重新作出行政许可，将许可证颁发给自己。在此复议案件中甲、丙为第三人，甲自然倾向于维持行政主体的行政许可，从而支持被申请人的请求，为无独立请求权的第三人；丙则要求撤销该行政主体的行政许可，并要求将许可证颁发给自己，其主张与被申请人、甲、乙均冲突，他具有新的请求，是有独立请求权的第三人。第二，作为行政主体的第三人与作为行政相对方的第三人。这是从第三人与具体行政行为的关系角度进行区分的，实践中许多具体行政行为是两个以上行政主体共同作出的，而申请人只针对其中部分行政主体提出复议申请，此时原则上应将所有行政主体均列为被申请人。如果在行政诉讼中，原告拒绝追加被告的，一般是将应追加的被告作为第三人参加诉讼。而在行政复议中，我们认为复议申请人拒绝追加被申请人的，也可以将该部分行政主体作为第三人参加复议。作为行政相对方的第三人则不具有行政主体身份，其作为行政管理或服务的对象，合法权益与具体行政行为具有利害关系，现实当中这一类第三人最为常见。

55. 行政复议的管辖有哪些规定

行政复议的管辖是指复议机关受理行政复议案件的分工和权限。合理地处理复议机关受理案件的权限分工，对于充分发挥行政复议制度的监督功能，提高解决行政争议的效率，及时保护公民、法人或其他组织的合法权益，具有重要意义。行政复议的管辖包括以下几个方面的情况：

（1）由人民政府作出的具体行政行为。对各级人民政府的具体行政行为不服的向上一级地方政府申请行政复议；对省、自治区政府派出机关（即地方行政公署）所属的县级地方人民政府的具体行政行为不服的，向派出机关申请行政复议；对省、自治区、直辖市人民政府的具体行政行为不服的，向作出该具体行政行为的省、自治区、直辖市人民政府申请行政复议。对行政复议决定不服的，可以向人民法院提起行政诉讼，也可以向国务院申请裁决，国务院作出最终裁决。（即行政相对人可以选择，但如果选择向国务院申请裁决的，国务院作出裁决后就不能向法院提起行政诉讼）。

（2）由人民政府工作部门作出的具体行政行为。对县级以上地方各级人民政府工作部门的具体行政行为不服的，由申请人选择，可以向该部门的本级人民政府申请行政复议，也可以向上一级主管部门申请行政复议；对海关、金融、国税、外汇管理等实行垂直领导的行政机关和国家安全机关的具体行政行为不服的，向上一级主管部门申请行政复议；对国务院部门的具体行政行为不服的，向作出该具体行政行为的国务院部门申请行政复议。对行政复议决定不服的，可以向人民法院提起行政诉讼，也可以向国务院申请裁决，国务院作出最终裁决。（即行政相对人可以选择，但如果选择向国务院申请裁决的，国务院作出裁决后就不能向法院提起行政诉讼。）

（3）由派出机关、派出机构作出的具体行政行为。对县级以上地方人民政府依法设立的派出机关（即地区行政公署、区公所、街道办事处）的具体行政行为不服的，向设立该派出机关的人民政府申请行政复议；对政府工作部门依法设立的派出机构依照法律、法规或者规章规定，以自己的名义作出的具体行政行为不服的，向设立该派出机构的部门或者该部门的本级地方人民政府申请行政复议。

（4）由法律法规授权组织作出的具体行政行为。对法律、法规授权的组织的具体行政行为不服的，分别向直接管理该组织的地方人民政府、地方人民政府工作部门或者国务院部门申请行政复议。

（5）其他情况。对两个或者两个以上行政机关以共同的名义作出的具体行政行为不服的，向其共同上一级行政机关申请行政复议；对被撤销的行政机关在撤销前所作出的具体行政行为不服的，向继续行使其职权的行政机关的上一级行政机关申请行政复议。

56. 如何理解行政复议一级复议制度与国务院终局裁决制度

公民、法人或者其他组织不服行政机关做出的具体行政行为的复议申请只能向法定的行政机关提出，该机关的复议决定一经作出并送达，即发生法律效力，公民、法人或者其他组织不能再向做出行政复议的机关的上级机关提出复议申请，这样的行政复议制度称为一级行政复议制。

一级复议制度是《行政复议法》确立的基本制度，主要是考虑到我国行政复议决定在多数情况下并非最后救济手段，当事人对复议决定不服，还可以提起行政诉讼，仍可以得到人民法院两级审判的救济，这样就没有必要在行政系统内实行两级或多级复议制度，以免行政争议在行政系统内迟迟不能解决，对保护公民、法人或者其他组织的合法权益产生不利影响，而且影响行政效率的提高。

但是，对于国务院部门或者省、自治区、直辖市人民政府作出的行政复议决定不服的，可以向人民法院提起行政诉讼；也可以向国务院申请裁决，国务院依照《行政复议法》的规定作出最终裁决，国务院作出裁决后就不能再向法院提起行政诉讼。这个情况是以国务院作出最终裁决的行政复议为特征的多级复议形式。这样的多级复议只适用于对国务院部门或者省、自治区、直辖市人民政府作出的就国务院部门或者省、自治区、直辖市人民政府所实施的具体行政行为而进行的行政复议予以再次复议，而复议机关只能是国务院。

57. 行政复议的被申请人不履行或无正当理由拖延履行复议决定将有什么后果

《行政复议法》规定了被申请人不履行或无正当理由拖延履行复议决定的法律责任。行政复议决定已经作出，一经法定期限，即具有法律约束力，被申请人负有履行复议决定的义务。被申请人不履行或者无正当理由拖延履行行政复议决定的，对直接负责的主管人员和其他直接责任人员依法给予警告、记过、记大过的行政处分；经责令履行仍拒不履行的，依法给予降级、撤职、开除的行政处分。

该法律责任的行政主体是行政复议中的被申请人，被申请人拒绝履行复议决定有两种情况：第一，对复议决定不履行；第二，对复议决定无正当理由拖延履行。这两种不履行义务的形式，均构成对我国法律制度的藐视，该行为造成的后果必然使我国的复议制度无法正常发挥功效，因此，对于此种违法行为，必须追究其法律责任。行政机关接到行政复议决定应当立即履行。

58. 人民法院受理案件后，复议机关可否继续受理行政复议的申请

公民、法人或者其他组织申请行政复议，行政复议机关已经依法受理的，或者法律、法规规定应当先向行政复议机关申请行政复议、对行政复议决定不服再向人民法院提起行政诉讼的，在法定行政复议期限内不得向人民法院提起行政诉讼。公民、法人或者其他组织向人民法院提起行政诉讼，人民法院已经依法受理的，不得申请行政复议。行政复议和行政诉讼都是行政救济的方式，但在解决行政争议上也是两种不同的法律制度。行政相对人认为行政机关的具体行政行为侵犯了自身的合法权益，可以依法采取行政复议或行政诉讼的方式来维护自身的权益。然而相对人并不能随心所欲地同时适用行政复议或行政诉讼程序。行政复议具有行政性质，行政诉讼具有司法性质，两种不同的法律制度不可同时适用，只可依照相应法律的规定加以适用。

案例分析 31　张某可否请求审查该《市容环境卫生条例》

案　例

2004年6月5日，某市张某驾驶长安牌小货车运输石子途经该市红旗路时，被该市金山区城市管理执法局城管监察大队执法人员拦截检查。该局执法人员在检查中发现，张某没有准运证件，遂对其车辆和所装载的石子进行了登记保存。次日，该局执法人员对张某进行了询问，听取其陈述、申辩后，依据某市人大常委会制定的《市容环境卫生条例》决定对其处以1000元罚款，并将先行保存的车辆和石子返还张某。张某认为《市容环境卫生条例》规定的处罚过重，不服该行政处罚决定，向某市城市管理执法局申请行政复议。

【解析】

本案关系到行政复议的受案范围，即哪些行政行为可以成为复议审查的对象。

行政复议的受案范围，是指复议机关依照《行政复议法》的规定，可以受理的行政争议案件的范围。在行政管理实践中，一些地方、一些部门受到地方和部门利益的驱动，乱发文件，违法审批、罚款、收费，问题层出不穷，严重侵犯了行政相对人的利益。与具体行政行为一样，我国的法律法规也没有对这些抽象行政行为予以明确界定。最高人民法院在《关于执行〈行政诉讼法〉若干问题的解释》中将其界定为“针对不特定对象发布的能反复适用的行政规范性文件”。这个定义强调两点：第一，抽象行政行为是针对不特定的对象发布的，即抽象行政行为的适用对象是一个开放的体系，社会上的任何人都有可能受到它的影响；第二，抽象行政行为是能反复适用的规则，而不是只能适用一次。正因为抽象行政行为的开放性和反复适用性，它的影响面大大高于具体行政行为，更容易影响广大行政相对人的利益。如果公民、法人和其他组织无法在个案中通过复议的方式要求审查一个明显和重大违法的抽象行政行为，而只能等待有关的行政机关依职权废止、撤销该规定，这将大大减少了行政相对人的救济途径和救济效率，使行政相对人的权益得不到有效保护。因此，《行政复议法》将一部分抽象行政行为纳入了行政复议的范围。《行政复议法》第七条第一款规定：“公民、法人或者其他组织认为行政机关的具体行政行为所依据的下列规定不合法，在对具体行政行为申请行政复议时，可以一并向行政复议机关提出对该规定的审查申请：（一）国务院部门的规定；（二）县级以上地方各级人民政府及其工作部门的规定；（三）乡、镇人民政府的规定。”

但是，《行政复议法》没有将行政复议的受案范围扩展到所有的抽象行政行为，其第七条第二款规定：“前款所列规定不含国务院部、委员会规章和地方人民政府规章。规章的审查依照法律、行政法规办理。”再参照我国《立法法》第五十六条“国务院根据宪法和法律，制定行政法规”，第七十一条“国务院各部、委员会、中国人民银行、审计署和具有行政管理职能的直属机构，可以根据法律和国务院的行政法规、决定、命令，在本部门的权限范围内，制定规章”，第七十三条“省、自治区、直辖市和较大的市的人民政府，可以根据法律、行政法规和本省、自治区、直辖市的地方性法规，制定规章”和相关法律的相关规定，我们可以发现，行政复议的受案范围不包括下列三种抽象行政行为：第一，国务院所制定的行政法规和其他规范性文件；第二，国务院各部、委员会、具有行政管理职能的直属机构所制定的部门规章；第三，省、自治区、直辖市和省、自治区的人民政府所在的市、经济特区所在的市以及国务院批准的较大的市人民政府所制定的地方政府规章。

那么本案中所涉及的《市容环境卫生条例》属于什么性质的规范性文件呢？按照案例介绍中所叙述的，该《市容环境卫生条例》是该市人大常委会制定的，因而在合乎《立法法》的情况下，该《市容环境卫生条例》属于地方性法规。行政复议作为行政系统内部的一种监督制度，主要是监督行政行为的合法性，以及一定范围和一定程度内的合理性审查，因此，行政复议的审查直接对象仅限于行政行为而不应该涉及立法行为。所以，该市城管局无权复议审查《市容环境卫生条例》，张某也无权要求行政复议机关审查《市容环境卫生条例》。

但是，根据《行政复议法》的规定，本案中《市容环境卫生条例》的合法性并不是不受监督的。《行政复议法》第二十七条规定："行政复议机关在对被申请人作出的具体行政行为进行审查时，认为其依据不合法，本机关有权处理的，应当在三十日内依法处理；无权处理的，应当在七日内按照法定程序转送有权处理的国家机关依法处理。处理期间，中止对具体行政行为的审查。"由于行政机关作出行政行为的依据不单是行政法规、规章，也包括法律、法规等规范性文件，因此，行政复议机关也可以对法律、法规等规范性文件实施监督。如本案中，如果该市城管局认为金山区城管局作出行政行为所依据的《市容环境卫生条例》与上位法冲突，它有权依据法定职权对《市容环境卫生条例》的合法性作出初步判断，如果认为该《市容环境卫生条例》不合法，应该中止审查。在 7 日内按照法定程序转送有权处理的国家机关（如市人大常委会）依法处理。

案例分析 32　刘某能否针对该《通告》提出行政复议申请

案　例

刘某于 2000 年 2 月购买了一台化油器捷达轿车。2000 年 12 月，他为了响应某市人民政府治理汽车尾气污染、改善大气质量的号召，自费安装了韩国产尾气净化器。经检测，其尾气排放明显低于某市技术监督局发布的《汽油污染物排放标准》。但某市环保局、市交通局、市公安交通管理局联合发布的《关于对具备治理条件的轻型小客车执行新的尾气排放标准的通告》（本案例中以下简称《通告》）规定：1995 年 1 月 1 日以后领取牌照的桑塔纳、富康、捷达等小客车必须安装电控补气和三元催化器，经验收达标并取得绿色环保标志后，方准予年检。显然，刘某的私车如未安装通告指定的产品，无论采取何种尾气治理措施、无论治理是否达标，市环保局都不予尾气复检，也不准许参加年检。刘某就上述《通告》相关规定的合法性向市环保局提出质疑，并多次与其联系参加当年年检事宜，环保局答复：不安装电控补气和三元催化器就不能年检。刘某对《通告》的规定不服，向市政府申请行政复议。

【解析】

本案涉及行政复议中对抽象行政行为审查的问题。

抽象行政行为是行政机关针对不特定对象发布能反复适用的行政规范性文件的行为。一般而言，与具体行政行为相比，抽象行政行为有三个方面的特征：第一，抽象行政行为是针对不特定对象作出的。这是区别具体行政行为的重要特征。第二，抽象行政行为能反复适用，而具体行政行为只能适用一次。第三，从效力的时间性看，抽象行政行为只对将来的行为有约束力，具体行政行为则只对行政管理相对人过去的行为有约束力；从效力的溯及力上看，抽象行政行为被撤销后，不溯及既往，而具体行政行为被撤销后，自始无效。

在我国，对抽象行政行为的监督主要通过非诉讼的方式进行，主要有三种方式：第一，人大和上级行政机关的监督。根据宪法、地方组织法的规定，全国人大常委会有权撤销国务院制定的同宪法、法律相抵触的行政法规、决定和命令；县级以上地方各级人大及其常委会有权撤销本级人民政府的不适当的决定和命令；乡、民族乡、镇的人大有权撤销乡、民族乡、镇的人民政府的不适当的决定和命令；国务院有权改变或者撤销各部委的不适当的命令、指示和规章以及地方各级人民政府不适当的决定和命令；县以上地方各级人民政府有权改变或者撤销所属各工作部门的不适当的命令、指示和下级人民政府的不适当的决定、命令。第二，备案审查。国务院各部委和地方各级人民政府制定的规章要向国务院备案，省、自治区、直辖市人民政府所属工作部门和下级人民政府制定的规范性文件要向省、自治区、直辖市人民政府备案，通过备案，发现规范性文件存在的问题并予以纠正。第三，在行政复议中对抽象行政行为进行审查。《行政复议法》第七条规定："公民、法人或者其他组织认为行政机关的具体行政行为所依据的下列规定不合法，在对具体行政行为申请行政复议时，可以一并向行政复议机关提出对该规定的审查申请：（1）国务院部门的规定；（2）县级以上地方各级人民政府及其工作部门的规定；（3）乡、镇人民政府的规定。"

在本案中，《通告》的内容是针对所有1995年1月1日以后领取牌证的桑塔纳、富康、捷达等化油器小客车的车主和使用者，显然行为的对象是不特定的。而且该《通告》可以反复适用于任何符合该《通告》要求条件的行政管理相对人。所以，该《通告》是市环保局等行政机关联合作出的具有普遍约束力的抽象行政行为，不是具体行政行为。对该《通告》不服，刘某可以在对市环保局不为其办理年检的不作为行为提起复议申请的同时，一并向市政府提出对该《通告》的审查申请，根据行政复议法第二十六条的规定，市政府有权对该《通告》进行审查，并在30日内依法处理。但在本案中，刘某直接对该《通告》提起了行政复议申请，是不符合规定的，因为行政复议机关不能直接受理对抽象行政行为提起的行政复议，故市政府可以作出不予受理的决定。

案例分析33　申请人提出的复议申请是否超过了法定期限

案　例

1999年12月，某省财政厅对某会计师事务所的审计业务进行了检查，发现该所注册会计师王某在从事天骄公司补办设立验资报告业务中，没有按照《中国注册会计师独立审计准则》的要求执业，在没有履行必要的审计程序，未获取充分、适当的验资证据的情况下，就出具了补办的设立验资报告。2000年4月19日，某省财政厅作出《行政处罚决定书》，对王某给予警告的行政处罚。王某于2000年5月10日接到该《处罚决定书》。王某不服，于2000年9月23日向财政部提交了《行政复议申请书》。财政部收到王某的《行政复议申请书》后，依照《行政复议法》的规定进行了审查，认为王某申请行政复议不符合《行政复议法》第九条的规定，于9月26日作出《不予受理决定书》。

【解析】

本案涉及申请行政复议的时限问题。

申请行政复议的期限，是指认为具体行政行为侵犯了其合法权益的公民、法人或者其他组织提出行政复议申请的法定有效期限。公民、法人或者其他组织认为具体行政行为侵犯了其合法权益时，只有在法定有效期限内提出复议申请，行政复议机关才予以受理，否则复议机关不予受理。

根据《行政复议法》第九条的规定，“公民、法人或者其他组织认为具体行政行为侵犯其合法权益的，可以自知道该具体行政行为之日起 60 日内提出行政复议申请；法律规定的申请期限超过 60 日的除外。”这一规定表明了申请行政复议的时间要求，即期限限制。这种期限限制，也就是申请复议的时效。一般情况下，超过法定期间，请求权即告丧失。规定期限有两方面作用：一方面，规定一定的期限。在这一期限内，相对人可以就行政机关的具体行政行为提出行政复议申请。这有助于切实保护相对人的合法权益；另一方面，如果不对申请行政复议的期限加以限制，就会因为时过境迁以及各种因素的变化，影响行政复议案件正确、及时地处理，使国家的行政管理活动长期处于不确定状态，影响正常的行政管理秩序。依照《行政复议法》的规定，申请复议的期限从公民、法人或者其他组织知道行政机关作出具体行政行为之日起计算。相对人知道行政机关作出具体行政行为的方式有两种：一是行政机关以书面形式作出某一具体行政行为的，应以相对人接到通知书之日作为其知道行政机关作出具体行政行为之日；二是行政机关以口头形式作出某一具体行政行为的，就以相对人接到口头通知之日作为其知道行政机关作出具体行政行为之日。这里的“知道”，是法律上的推定，即不管相对人实际上是否知道，只要客观上存在知道的条件和可能即可，即“应当知道”。由于相对人的主观过错，应当知道而没有知道行政机关的具体行政行为已经作出并侵犯其合法权益，行政复议机关即可从推定其“应当知道”之日开始计算行政复议申请期限。超过行政复议申请期限的，视为相对人放弃行政复议申请权。

根据《行政诉讼法》第四十条第二款规定：“行政复议期间的计算和行政复议文书的送达，依照民事诉讼法关于期间、送达的规定执行。”而《中华人民共和国民事诉讼法》第七十七条规定：“送达诉讼文书必须有送达回证，由受送达人在送达回证上记明收到日期，签名或者盖章。受送达人在送达回证上的签收日期为送达日期。”即行政复议法律文书送达的时间确定由以下两个因素决定：第一，必须具有送达回证，缺少送达回证将视为没有送达；第二，送达回证上必须由受送达人记明收到日期，签名或者盖章。受送达人在送达回证上的签收日期为送达日期。

在本案中，某省财政厅于2000年4月19日作出《行政处罚决定书》，王某于2000年5月10日接到该《行政处罚决定书》。也就是说王某于2000年5月10日就知道了某省财政厅对其进行的行政处罚，而他却在2000年9月23日才提起行政复议，超过了《行政复议法》规定的60日期限。因此，根据《行政复议法》第十七条的规定，财政部作出不予受理的决定是符合法律规定的。

案例分析34　行政复议期间，具体行政行为是否可以停止执行

案　例

2001年鼎新汽车维修站与某市仁和区金山乡李家庄工贸公司签订租赁协议，租用其位于仁和区金山乡李家庄3亩空地，租期6年。协议签订后，经李家庄工贸公司同意，当地乡政府土地部门在其经营许可证审批文件中签署意见后，鼎新汽车维修站在该地修建了500平方米厂房。2004年5月，时至该地区拆迁，鼎新汽车维修站正与拆迁单位协商的过程中，仁和区城市管理局认定鼎新汽车维修站在仁和区金山乡李家庄的厂房没有取得“建设用地规划许可证”和“建设工程规划许可证”，属于违章建筑，遂根据《某市城市规划条例》责令其15日内拆除该违法建筑，清理好现场，并接受复查。鼎新汽车维修站认为该决定侵害了自身的经营利益，遂向某市城管局申请复议，并要求停止执行该拆迁决定。

【解析】

本案涉及行政复议期间不停止执行原则。

所谓行政复议期间不停止具体行政行为的执行，是指行政机关不因当事人申请行政复议而暂时停止行政处罚决定的执行。《行政复议法》第二十一条规定：“行政复议期间具体行政行为不停止执行。”《行政处罚法》第四十五条规定：“当事人对行政处罚决定不服申请行政复议或者提起行政诉讼的，行政处罚不停止执行，法律另有规定的

除外。”

行政行为一经作出就推定为生效，即具有公定力、确定力和执行力。行政行为所代表的是国家公共利益以及行政效率的需要，而且行政相对人依法享有的法律救济渠道，完全可以通过事后的补救来弥补执行所造成的损失。所以行政复议中不停止具体行政行为的执行是行政复议制度的一项原则。但是在某些特殊情况下，不停止执行也可能给行政复议申请人的合法权益造成实际损害，待行政复议机关撤销或变更了违法或不当的具体行政行为后再予以补救，给相对人造成的损失就极为严重，也是对国家赔偿资源的极大浪费。因此，为了使行政复议制度更好地保护公民、法人和其他组织的合法权益，《行政复议法》第二十一条规定：“行政复议期间具体行政行为不停止执行；但是，有下列情形之一的，可以停止执行：（一）被申请人认为需要停止执行的；（二）行政复议机关认为需要停止执行的；（三）申请人申请停止执行，行政复议机关认为其要求合理，决定停止执行的；（四）法律规定停止执行的。”

即处于以下几种情形，可以停止具体行政行为的执行：第一，被申请人或行政复议机关认为需要停止执行的。国家行政机关在对各种情况作出判断之后，如果认为停止执行并不损害公共利益，而不停止执行有可能带来难以弥补的损失或者是基于其他特殊情况考虑，可以作出停止执行的决定。第二，行政复议申请人申请停止执行，行政复议机关认为其要求合理，裁定停止执行的。如某城管部门，认为某公民的房屋是违章建筑，要求该公民予以拆除。该公民不服城管部门的处罚，而申请行政复议，并申请停止执行拆除其房屋。行政复议机关审查认为，如果拆除房屋将会给该公民造成难以弥补的损失，暂不执行也不会影响社会公益，便可裁定暂停执行城管部门的处罚决定。第三，法律规定可以停止执行的。例如《治安管理处罚法》第一百零七条规定：“被处罚人不服行政拘留处罚决定，申请行政复议、提起行政诉讼的，可以向公安机关提出暂缓执行行政拘留的申请。公安机关认为暂缓执行行政拘留不致发生社会危险的，由被处罚人或者其近亲属提出符合本法第一百零八条规定条件的担保人，或者按每日行政拘留二百元的标准交纳保证金，行政拘留的处罚决定暂缓执行。”行政复议期间具体行政行为是否停止执行是由行政机关启动或者由行政机关决定的。只有同时具备具体行政行为的执行会造成难以弥补的损失和停止执行不损害社会公共利益这两个条件，行政复议机关才能批准申请人停止执行的请求。

所以根据《行政复议法》第二十一条第三项的规定“申请人申请停止执行，行政复议机关认为其要求合理，决定停止执行的”情形，行政复议期间具体行政行为可以停止执行，结合本案实际情况，由于拆除房屋将会给申请人造成难以弥补的损失，暂不执行拆迁房屋也不会损害公共利益，复议机关可以裁定暂停执行城管部门的处罚决定。

案例分析 35 行政复议机关无正当理由不受理行政复议申请的，如何处理

案 例

某大学附属儿童医院（第三人，以下简称儿童医院）自 1994 年 1 月起向该院宿舍住户收取保洁费（自同年 3 月起至 1999 年 11 月止，系代月坛办事处收取该费），收费方式为：医院财务处统一从职工工资中代扣，并在工资单中注明。该费用按月转交该院家委会使用。住户鄢某租住两套儿童医院家属宿舍，在鄢某要求下，2000 年 10 月 12 日儿童医院开具了自 1994 年 1 月至 2000 年 10 月间收取其清洁费（保洁费）的银钱收据。2001 年 4 月，鄢某向某市财政局举报，要求对儿童医院行政事业性收费不开票据的行为进行调查，并追究有关人员的法律责任。某市财政局以信访形式对鄢某所提儿童医院收其清洁费不开票据、不入账及对鄢某应按几户收费问题，作了答复。即：儿童医院收费已在鄢某工资单中有所明示，工资单可视同会计凭证，财务部门以此为根据记账符合财政财物制度。对鄢某按几户收费，属具体征收问题，非属该局职责范围。

鄢某认为该局关于工资单可以视同会计凭证的意见，违反了有关行政事业性收费票据管理及收取保洁费的规定。该局未对儿童医院会计人员违法违规问题作出答复，损害了鄢某的权益。遂于 2001 年 5 月 8 日向该省财政厅申请复议，请求财政厅责令某市财政局重新作出责成儿童医院开具保洁费收费凭证的决定，并对儿童医院有关会计人员混用票据、拒开收据行为进行查处。

该省财政厅收了鄢某的申请书，只作了登记，并没有按照法律规定进行复议，而是口头通知鄢某不予受理。

【解析】

本案涉及行政复议的救济问题。

公民、法人或者其他组织认为具体行政行为侵犯其合法权益时，有权依法向行政复议机关申请行政复议。虽然，提起复议申请是公民、法人或者其他组织的权利，但并不当然地引起行政复议程序的启动，还需要行政复议机

关决定受理。只有行政复议机关受理行政复议申请，才能对被申请人的具体行政行为予以实质审查，申请人提出的请求才能得到满足，其利益才能得到实际维护。虽然本案中，财政厅受理了鄢某的复议申请，然而实践过程中，一些行政复议机关不愿受理行政复议案件，对实行行政复议制度缺乏热情，其表现为“三怕”：一怕被人告。作为行政复议机关，作出行政复议决定后怕申请人不服提起行政诉讼。二怕麻烦，服务意识不强。行政机关的工作历来很少受约束，而行政复议程序性强，很不习惯。特别是遇到一些复杂案件，更怕沾上边。三是行政复议机关怕得罪下级行政机关，影响上下级关系，秉公执法的意识不强。行政复议机关担心运用行政复议机制直接纠正下级行政机关的错误会影响其工作积极性。由于存在“三怕”，一些行政机关在作出具体行政行为时不告知相对人其享有的复议权；行政复议机关对行政复议申请应当受理而不予受理；行政复议机关受理后或者对原具体行政行为一概予以维持，或者不按照行政复议程序办理，仍采用传统的调解、信访申诉方式处理，任其拖延、耽搁、不公正处理。致使相对人有状难告，行政复议形同虚设，侵犯了相对人的合法权益。

对此，《行政复议法》第二十条规定“公民、法人或者其他组织依法提出行政复议申请，行政复议机关无正当理由不予受理的，上级行政机关应当责令其受理；必要时，上级行政机关也可以直接受理。”从实践看，“无正当理由不予受理”的情况包括：申请人提出的复议申请符合法定条件，复议机关拒绝受理或者超过复议申请审查期限未作出受理决定；申请人超过复议期限未能提出申请，是复议机关故意设置障碍或者工作人员的过失导致等。在此情况下，“上级行政机关”，即与复议机关存在行政上或业务上的领导或指导关系的行政机关，应责成、命令其受理行政复议。一般来说，为了保证这种“责令”监督职能的有效行使，上级机关在责令复议机关受理行政复议申请时，应当采取书面通知形式。复议机关在接到通知后，应在规定日期内予以受理，并将受理情况报告责令其受理的上级机关。或者，上级机关认为有必要也可以自己受理。同时，根据《行政复议法》，无正当理由不受理复议申请的复议机关责任人会受到行政处分。

这一措施体现了上级行政机关对行政复议机关行政复议工作的监督职能，对于加强行政机关内部监督，促进行政机关合法、正确地行使职权，维护社会经济秩序，维护公民、法人和其他组织的合法权益，维护社会稳定，具有重要意义。上级行政机关对行政复议机关拒绝受理行政复议申请情况的了解，主要是通过申请人的申诉或者对下级行政机关工作的检查。

此外，《行政复议法》规定，“法律、法规规定应当先向行政复议机关申请行政复议、对行政复议决定不服再向人民法院提起诉讼的，行政复议机关决定不予受理或者受理后超过行政复议期限不作答复的，公民、法人或者其他组织可以自收到不予受理决定书之日起或者行政复议期满之日起十五日内，依法向人民法院提起行政诉讼。”这里不只涉及行政复议前置的行政复议，还应当包括可选择的行政复议和终局行政复议，所有的行政复议机关对行政复议决定不予受理或者受理后逾期没有作出行政复议决定的，申请人都可以提起行政诉讼。这也可以说是一种不服行政复议提起行政诉讼一般期限的规定，不过第二种情况并非行政复议机关已经作出行政复议决定，而是法律规定对行政复议机关到期未作出决定的，视为已经作出决定，允许申请行政复议的人直接向人民法院提起行政诉讼。这样规定的目的，是为了督促行政复议机关在法定的行政复议期限内完成行政复议行为，使申请行政复议的人能够及时地行使诉权，有效地保护其合法权益。同时，有助于保证行政效率，及时解决行政争议。

由法院对行政争议作出最终裁决，既表明国家对保护公民的诉权及合法权益的强烈意愿，又表明国家把法院作为监督行政机关依法行使权力的一种外部制约力量。它有利于强化行政机关及其工作人员依法办事的观念，督促处理行政争议的行政机关及其工作人员依法公正办案，尽管这种监督和督促力量在许多情况下是潜在的，但它确实对于在制度上保障行政争议在法院外得以公正地解决发挥着重要作用，使行政机关裁决行政争议的制度得以健康地运行。

本案中，申请人鄢某不服某市财政局的决定，依法向某省财政厅递交了行政复议申请书。该申请符合《行政复议法》的规定，某省财政厅应依法予以受理。但是，某省财政厅只对鄢某的复议申请书作了登记，并未按照规定进行复议审查，而且口头通知申请人鄢某不予受理，违反了《行政复议法》第十七条“行政复议机关收到行政复议申请后，应当在五日内进行审查，对不符合本法规定的行政复议申请，决定不予受理，并书面告知申请人；对符合本法规定，但是不属于本机关受理的行政复议申请，应当告知申请人向有关行政复议机关提出”。因此，鄢某可以请求复议机关的上一级行政机关该省人民政府或财政部，依照《行政复议法》第二十条“公民、法人或者其他组织依法提出行政复议申请，行政复议机关无正当理由不予受理的，上级行政机关应当责令其受理；必要时，上级行政机关也可以直接受理”之规定，责令某省财政厅受理。某省财政厅应当自收到通知书之日起，在规定日期内予以受理，并将受理情况报告责令其受理的该省人民政府或财政部。当然，如果出现责令某省财政厅受理，某省财政厅仍不受理或由某省财政厅受理可能影响行政复议公正等情况时，该省人民政府或财政部可以直接受理这一行政复议案件。此外，鄢某还可以向法院直接提起诉讼。

案例分析 36　市政府能否受理代某的行政复议申请

案　例

1996 年，某市政府下发文件，批准某县政府征用大义乡南村土地 29.5 亩，用于扩建大义乡第一中学。大义乡政府持市政府批准文件和南村村委会签订了征地协议。协议约定征用的土地除用于扩建学校外，在某公路南侧剩余部分土地的建设权和使用权归村委会，但必须由乡政府统一规划。村民代某在公路南侧的承包土地被征用后部分用于学校扩建，剩余部分仍由代某耕种使用，并交纳各种农业税。2000 年，村民史某未经村委会同意，由乡土管所工作人员上报给县政府，申请在代某耕种的土地上建住宅，县政府随即为史某颁发了土地使用证，将代某使用的土地划给史某建住宅使用。代某不服，认为县政府为史某颁发土地使用证的具体行政行为侵犯了自己的土地使用权，故向县法院提起行政诉讼，县法院以该土地确权属于行政复议前置为由，判决驳回了代某的诉讼请求。代某又向市政府申请行政复议。

【解析】

本案涉及行政复议前置问题。

所谓行政复议前置，是指行政管理相对人对某个具体行政行为不服向法院提起行政诉讼之前，必须先向行政复议机关申请复议，由行政复议机关先行审查，行政管理相对人对行政复议决定仍不服的，才能向人民法院提起行政诉讼。只有法律、法规可以规定行政复议前置的情形，规章和其他规范性文件不能规定。法律、法规规定行政复议前置的原因，是因为具体行政行为所涉及事项属于行政机关法定的专属管辖权，由行政机关先行对这些具体行政行为进行审查处理，可以发挥行政机关的管理优势，尽可能迅速、有效地解决行政争议，减轻人民法院的负担。《行政诉讼法》第三十七条第二款规定："法律、法规规定应当先向行政机关申请复议，对复议不服再向人民法院提起诉讼的，依照法律、法规的规定。"《关于执行

〈中华人民共和国行政诉讼法〉若干问题的解释》第三十三条第一款规定："法律、法规规定应当先申请复议，公民、法人或者其他组织未申请复议直接提起诉讼的，人民法院不予受理。"《行政复议法》第三十条第一款规定："公民、法人或者其他组织认为行政机关的具体行政行为侵犯其已经依法取得的土地、矿藏、水流、森林、山岭、草原、荒地、滩涂、海域等自然资源的所有权或者使用权的，应当先申请行政复议；对行政复议决定不服的，可以依法向人民法院提起行政诉讼。"这是行政复议法规定的复议前置情形。

对《行政复议法》第三十条规定的复议前置情形，应当从以下几个方面来理解：第一，此处行政机关的具体行政行为，既包括行政机关作为，也包括行政机关不作为，既包括行政机关对有关自然资源权属的确认行为，也包括行政机关解决自然资源权属纠纷的行为。第二，行政管理相对人认为行政机关的具体行政行为所侵犯的，可能是自然资源的所有权，也可能是自然资源的使用权，或者既包括所有权又包括使用权。第三，具体行政行为所侵犯的自然资源的所有权和使用权必须是行政管理相对人依法取得的，非法取得或违法取得的自然资源权属不受法律保护。在行政复议过程中，行政管理相对人应该提交证据，证明自已取得该自然资源权属的合法性，也就是行政机关的具体行政行为与其有利害关系，如果并没有任何证据证明行政管理相对人对该自然资源拥有所有权或使用权，则该行政管理相对人就无法取得申请人的资格。第四，对行政机关侵犯自然资源所有权或使用权的具体行政行为，虽然由行政复议机关先行处理，但行政管理相对人不服可以向人民法院提出行政诉讼。

在本案中，县政府为史某颁发土地使用证的具体行政行为，侵犯的是代某的土地使用权，属于明显的行政复议前置情形。代某应当先向市政府申请复议，由市政府依法受理。代某直接向人民法院提起行政诉讼是不符合法律规定的，因为根据《关于执行〈行政诉讼法〉若干问题的解释》第四十四条的规定，法律、法规规定行政复议为提起诉讼必经程序而未申请复议的，应当裁定不予受理；已经受理的，裁定驳回起诉。县法院对代某的起诉应该作出程序性的不予受理或驳回起诉的裁定，而不是实体性的驳回诉讼请求的判决。严格来讲，如果人民法院对一项行政争议已经作出了实体判决，则行政复议机关不能对该争议再次受理审查，市政府完全可以以此为由不予受理代某的行政复议申请。这样代某的行政复议申请权被剥夺，导致其承担因此而产生的不利后果，对代某来说是不公平的。

案例分析 37　行政复议机关在行政复议程序中收集的证据，能作为证明原具体行政行为合法性的证据吗

案　例

徐某在县城开了一家餐馆，专门经营特色小吃。一天，县食品卫生监督检验所对徐某经营的餐馆进行卫生检查，在检查过程中徐某没有给予积极配合，更没有给予热情的款待。检查人员根据初步观察的感觉，认定徐某经营的餐馆卫生、餐具不符合卫生要求，擅自变更食品生产范围，认为徐某的行为违反了《中华人民共和国食品卫生法》的相关规定，对徐某作出罚款2000元的行政处罚。徐某不服处罚决定，向市卫生局申请行政复议。在行政复议过程中，市卫生局到徐某所经营的场所进行了实地检查，并制作了现场笔录：认定徐某餐馆的工作人员从来不穿戴工作服；餐具表面有油腻和小飞虫；擅自扩大经营范围，进行熟食加工。根据这些现场检查结果，市卫生局维持了原具体行政行为。徐某还是不服处罚决定，向人民法院提起行政诉讼。

【解析】

本案主要涉及行政程序中的“先取证，后裁决”规则，以及与此相联系的行政诉讼过程中“被告不得自行收集证据”规则。

所谓的行政程序中“先取证，后裁决”规则，就是指行政机关在作出处理决定之前，必须先取得充分的证据。我国《行政处罚法》第三十条对行政处罚中的“先取证，后裁决”原则作出了规定：“公民、法人或者其他组织违反行政管理秩序的行为，依法应当给予行政处罚的，行政机关必须查明事实；违法事实不清的，不得给予行政处罚。”

与行政程序中的“先取证，后裁决”规则相联系，在行政诉讼过程中，被告行政机关用以证明其具体行政行为合法的证据必须是行政行为作出之前收集的，并且在法定的期限内向人民法院提交。这就意味着，在行政诉讼过程中，被告行政机关不能自行收集证据，也不能委托其他主体收集证据。在行政行为作出之后，行政机关自身和其他任何机关帮助收集的相关证据，都不能用来证明具体行政行为的合法性。依据现行《行政诉讼法》及其相关司法解释的规定，被告在行政诉讼过程中不能向原告或其他证人收集证据。根据行政机关作出具体行政行为所要遵循的“先取证，后裁决”的原则，行政机关在作出具体行政行为之后就不能收集证据来证明

其行为的合法性。那么复议机关在行政复议过程中收集的证据是不是可以用来证明原具体行政行为的合法性呢？一般认为，行政复议机关可以收集证据，作为撤销、变更原具体行政行为的依据。但是，《关于执行〈行政诉讼法〉若干问题的解释》第三十一条第二款规定："复议机关在复议过程中收集和补充的证据，不能作为人民法院维持原具体行政行为的根据。"法律之所以作这样严格的规定，主要还是为了严格执行"先取证，后裁决"的行政程序基本原则，保证行政机关在查明事实真相的基础上谨慎地作出具体行政行为，防止行政机关先随意地作出行政行为，然后再去收集相关证据。只有严格遵循"先取证，后裁决"的规则，行政机关作出的具体行政行为才能以事实作为根据，否则就严重违背了执法过程中以事实为根据的基本准则。

本案中，尽管徐某所经营的餐馆确实存在很多卫生问题，比如，工作人员个人不卫生、餐具不够清洁等。但是，县食品卫生监督检验所并没有作认真细致的检验，更没有制作相关的现场笔录作为证据，所以在诉讼中就缺乏证明具体处罚决定合法的证据。行政复议机关市卫生局在行政复议过程中确实通过现场检查取得了确凿、充足的证据。但这不是作出原具体处罚决定的县食品卫生监督检验所调查取得的，更不是在作出具体处罚决定之前收集的证据，人民法院依法应不予采纳。所以，本案中人民法院应当判决撤销行政复议决定，责令复议机关重新作出复议决定。

案例分析 38　行政复议申请人逾期不起诉，又不履行复议决定的，应如何处理

案　例

2005 年 11 月 11 日，某市兴华区城市管理监察大队在执法检查中发现，某市第一建筑公司承建的某市兴华区美好小区工地有随意抛洒建筑施工垃圾的行为，遂立案调查。经查，当日下午 4 点 15 分，某市第一建筑公司在某市兴华区美好小区工地 5 号楼施工过程中，从该楼 8 层直接向下抛洒废弃的白色泡沫、石灰袋子等施工垃圾。监察大队认定某市第一建筑公司的行为违反了《某市建筑施工现场管理办法》第十七条的规定，属于随意抛洒施工垃圾的行为，影响了建筑工程施工现场的管理秩序，遂当场制发《责令改正通知书》，并于次日决定对其处以 5000 元罚款。某市第一建筑公司认为罚款过

多，不服某市兴华区城市管理监察大队的处罚决定，遂向某市城市管理局申请复议。某市城市管理局维持了兴华区城市管理监察大队的处罚决定。之后，某市第一建筑公司既未向人民法院起诉，又拒不履行行政复议决定。两个月后，某市兴华区城市管理监察大队向某市第一建筑工程公司所在地的区人民法院申请强制执行该行政处罚决定。

【解析】

本案涉及行政复议的执行问题。

生效的行政复议决定是法律对社会关系调整的结果，具有约束力、确定力和执行力。执行生效的行政复议决定就是维护法律的权威和尊严，体现了法律所包含的强制性。行政复议申请人和被申请人都必须严格履行生效的行政复议决定。行政复议决定一经送达即发生法律效力，复议决定在未被依法撤销之前始终具有效力，申请人必须履行。《行政复议法》第三十三条规定："申请人逾期不起诉又不履行行政复议决定的，或者不履行最终裁决的行政复议决定的，按照下列规定分别处理：（一）维持具体行政行为的行政复议决定，由作出具体行政行为的行政机关依法强制执行，或者申请人民法院强制执行；（二）变更具体行政行为的行政复议决定，由行政复议机关依法强制执行，或者申请人民法院强制执行。"

根据这个规定，如果申请人逾期不起诉又不履行行政复议决定的，有关机关可以强制其履行，或申请人民法院强制其履行。这里的有关机关包括作出行政行为的行政机关，也包括行政复议机关。

（1）由作出具体行政行为的行政机关依法强制执行，或者申请人民法院强制执行。所谓行政强制执行，是指公民、法人或其他组织不履行行政机关依法所作行政处理决定中规定的义务时，有关国家机关依法强制其履行义务或达到与履行义务相同状态的行为。行政强制执行以公民、法人或其他组织不履行行政义务为前提，在一般情况下，这种不履行还必须有不履行的故意。不履行行政义务有两种情况：一种是从事法律所禁止的行为，如在规定不得建筑住宅的土地上建立住宅；另一种是不履行规定必须履行的义务，如应交纳的罚款不交。两种情况都属于行政强制执行的范围。行政强制执行的目的在于强迫公民、法人或其他组织履行行政义务。因此，强制执行应以行政义务为限，不能超过当事人所承担的行政义务范围。

这种情况的前提是行政复议机关作出的行政复议决定维持了被申请人所作的具体行政行为，这样就由被申请人，即作出具体行政行为的行政机关采取措施，强制申请人来履行行政复议决定。如果该行政机关有强制执行权，如公安、海关、税务等行政机关，可以依法自行采取措施强制履行行政复议决定。如果该行政机关没有强制执行权，可以依法申请人民法院强制执行。如果没有强制执行权的行政机关，如果擅自行使强制执行权的，则属于一种违法行为。

（2）由行政复议机关依法强制执行，或者申请人民法院强制执行。这种情况的前提是复议决定变更了原具体行政行为，即使是部分变更，也要由复议机关来依法强制执行或向法院申请强制执行，以承担相应的责任。变更是复议机关处理复议申请时，对具体行政行为查清情况后，按照事实和法律的要求，全部或部分改变原具体行政行为。变更从本质上说是复议机关行使一种行政权，用以改变下级行政机关的不当行政行为，包括事实不清、证据不足、适用依据错误以及具体行政行为明显不当等，都应当予以依法变更。

公民、法人逾期不起诉又不履行行政复议决定的，如果行政复议决定变更了原具体行政行为，则由行政复议机关强制执行；如果行政复议决定维持了原具体行政行为，则是由被申请的行政机关来强制执行，行政复议机关无权强制执行。

（3）当作出具体行政行为的行政机关或者行政复议机关申请人民法院强制执行时，应向被执行人所在地的基层法院提出。人民法院没有行政机关的申请，不能主动成为行政复议决定的强制执行机关。人民法院应对其执行依据进行审查，对于确实有执行力的有效行政决定方可执行。

本案中，某市第一建筑公司认为罚款过多，不服某市兴华区城市管理监察大队的处罚决定，在15日之内向某市城市管理局申请复议，是符合法律规定的。但是，当某市城市管理局维持了兴华区城市管理监察大队的处罚决定后，根据《行政诉讼法》第三十八条第二款之规定：“申请人不服复议决定的，可以在收到复议决定书之日起十五日内向人民法院提起诉讼。”然而，在之后两个月内某市第一建筑公司既未向人民法院起诉，又拒不履行行政复议决定，原行政处罚决定期满即发生法律效力。由于该复议决定是对原具体行政行为的维持，那么根据《行政复议法》第三十三条第一项之规定：“维持具体行政行为的行政复议决定，由作出具体行政行为的行政机关依法强制执行，或者申请人民法院强制执行。”由于相关法律没有授予兴华区城市管理监察大队该项强制执行权，因而兴华区城市管理监察大队只能向被执行人某市第一建筑公司所在地的区人民法院申请强制执行该行政处罚决定。

第六章　行政诉讼

59. 什么是行政诉讼

行政诉讼是指公民、法人或者其他组织认为具有公共行政管理职权的机关或组织的具体行政行为侵犯其合法权益，向人民法院提起诉讼，人民法院依据行政诉讼程序对具体行政行为合法性进行审查并作出裁判，解决行政争议的活动。

行政诉讼具有以下特征：第一，行政诉讼是解决一定范围内行政争议的活动。行政争议是行政机关在行使行政职权的过程中与作为行政相对人的公民、法人或其他组织发生的权利义务纠纷。第二，人民法院审理的行政案件只限于就行政机关作出的具体行政行为的合法性发生的争议。在行政诉讼中，直接审查的对象是具体行政行为，而不是其他行政行为，且对具体行政行为的审查限于合法性范围，一般不对具体行政行为的合理性或适当性进行审查。第三，行政诉讼是人民法院运用国家审判权来监督行政机关依法行使职权和履行职责，保护公民、法人或其他组织合法权益不受行政主体的违法行为侵害的一种司法活动。行政诉讼的目的是通过处理、解决行政争议来监督行政机关依法行使职权和履行职责，以保护公民、法人或其他组织的合法权益不受行政机关违法行为的损害。第四，行政诉讼是以不服具体行政行为的公民、法人或其他组织为原告，以作出具体行政行为的行政主体为被告的诉讼。行政诉讼的被告必定是做出具体行政行为的行政机关，而原告必定是认为其合法权益被具体行政行为所侵犯的利害关系人，被告负有举证责任，但没有反诉权。第五，行政诉讼带有监督性和救济性，它一方面监督行政机关依法行使行政权，另一方面使受到违法行政行为侵害的当事人的合法权益得到补救。

60. 行政诉讼与民事诉讼有什么区别

从形式上看，行政诉讼与民事诉讼均表现为法院作为中立的第三方对纠纷双方进行裁判，两者的基本原则大体相同，如独立行使审判权原则，以事实为根据、以法律为准绳原则，实行合议、回避、公开审判和两审终审制度等。但行政诉讼与民事诉讼作为两种不同的法律制度，两者的区别仍然是明显的，大体而言，主要区别有以下几个方面：

（1）案件性质不同。行政诉讼解决的是行政主体与作为行政管理相对方的公民、法人或者其他组织之间的行政争议，两者存在行政管理关系。民事诉讼解决的是平等主体之间的民事争议，法律地位平等。

（2）适用的实体法律规范不同。民事诉讼和行政诉讼都是为了解决实体法上的争议而存在的，行政诉讼在解决实体争议方面适用行政法律规范，如《行政处罚法》、《治安管理处罚法》等；而民事诉讼在解决实体争议方面适用民事法律规范，如《民法通则》等。

（3）当事人不同。民事诉讼发生于法人之间、自然人之间、法人与自然人之间；行政诉讼只发生在行政主体与公民、法人或者其他组织之间，一方当事人必定是行政主体。

（4）诉讼权利不同。行政诉讼双方当事人的诉讼权利是不对等的，如只能由公民、法人或者其他组织一方起诉，行政主体一方没有起诉权和反诉权；而民事诉讼中双方当事人的诉讼权利是对等的，如一方起诉，另一方可以反诉。

（5）起诉的先行条件不同。行政诉讼要求以存在某个具体行政行为为先行条件；民事诉讼则不需要这样的先行条件。

（6）适用调解不同。行政诉讼是对具体行政行为的合法性进行审查，因而不可能通过被告与原告相互妥协来解决争议，当然行政赔偿除外；而民事诉讼可以在诉讼的各个阶段适用调解，并可以以调解方式结案。

（7）当事人的诉讼权利与责任不同。行政诉讼中的被告要对具体行政行为的合法性负主要举证责任，且不享有反诉权。原告诉讼请求的变更也受到严格限制，诉状送达后一般不能变更诉讼请求；而民事诉讼当事人的诉权是相对等的，即原告有起诉权，被告有反诉权，双方的举证责任是相等的，即“谁主张，谁举证”，原告对自己的权利享有充分处分权和较为自由的诉讼请求变更权；行政赔偿诉讼的举证责任与民事诉讼的举证责任相类同。

（8）提起诉讼的诉前程序不同。行政诉讼中有的案件要求有行政复议作为必经的诉前程序；而民事诉讼没有此种要求。

（9）结案方式不同。在行政诉讼中，只能以判决或裁定的方式结束，不能以调解的方式结案；而在民事诉讼中，除以判决或裁定的方式结案外，还可以调解的方式结案。

61. 行政诉讼与刑事诉讼有什么区别

行政诉讼与刑事诉讼的区别具体体现在以下几个方面：

（1）承担的任务不同。行政诉讼的任务是保证人民法院正确及时地审理行政案件，保护公民、法人和其他组织的合法权益，维护和监督行政主体依法行使行政权力；而刑事诉讼的任务是准确、及时地查明犯罪事实，正确适用法律，惩罚犯罪分子，保护无辜。

（2）案件性质不同。行政诉讼要解决的是行政争议，即要解决被告行政主体的具体行政行为是否违法的问题；而刑事诉讼所审判的刑事案件，被告是犯罪嫌疑人，刑事诉讼所要解决的是被告是否犯罪以及应否科以刑罚的问题。

（3）起诉主体不同。行政诉讼是由不服行政具体行政行为的公民、法人或其他组织提起诉讼；而刑事诉讼由人民检察院代表国家提起公诉或者在自诉案件中由自诉人提起自诉。

（4）适用的法律不同。行政诉讼要衡量具体行政行为是否合法，适用的实体法是行政法律规范；而刑事诉讼要追究被告的刑事责任，适用的实体法是用于定罪量刑的刑事法律规范；行政诉讼和刑事诉讼所适用的程序法也不同，如刑事诉讼程序中的侦查程序是行政诉讼所没有的，刑事诉讼的证据规则与行政诉讼中的证据规则也有不同等。

（5）执行方式不同。行政诉讼的判决或裁定，主要依靠当事人的自觉履行；而刑事诉讼的判决或裁定由专门的国家机关执行。

62. 行政诉讼与行政复议有什么区别

行政诉讼和行政复议是两个并行的法律救济制度。对公民、法人和其他组织而言，行政诉讼和行政复议都有对其合法权益加以保护的目的。但行政诉讼是司法救济，由人民法院作出诉讼裁决，是最终的解决办法；而行政复议是行政机关内部的监督制度，是在行政诉讼之前进行的。两者相比较而言：

（1）效力上不同。除了国务院作出的终局裁决之外，行政诉讼的效力都优于行政复议。即行政复议申请人对于行政复议机关作出的行政复议决定不服的，还可以向法院提起行政诉讼。

（2）受理机构及人员性质不同。行政复议由行政机关内设的法制机构负责，审查人员属于行政机关工作人员，法律对行政复议人员的任职资格无特殊规定。行政诉讼由人民法院负责，由审判人员依法审理。审判人员必须符合国家对法官和人民陪审员的任职资格及任职要求方面的规定。

(3) 申请形式及审理方式不同。在申请形式上，申请人申请行政复议，可以书面申请，也可以口头申请；属于口头申请的，由行政复议机关当场记录、确认。行政诉讼则要求原告必须提交书面起诉状。在审理方式上，行政复议以书面审理为原则，以言辞审查为辅助；人民法院审理行政案件，一审一律实行公开开庭审理，上诉案件原则上实行公开开庭审理，只有在上诉法院认为案件事实清楚，并不是必须开庭的情况下方可实行书面审理。人民法院开庭时，应组织双方质证并依法定程序进行辩论。

(4) 诉讼特征及审查范围不同。行政诉讼是一种司法行为，采用人民法院审判方式进行，只对具体行政行为是否合法进行审查。行政复议是作为司法救济以外的一种行政救济制度存在的，同时带有行政机关内部上级对下级的层级监督和纠错机制的性质，是一种准司法行为，具有行政性、监督性、非诉性、层级性、救济性。另外，行政复议机关在审理案件时，须对具体行政行为的合法性与合理性进行双重审查。

(5) 审级规定及法律效力不同。行政诉讼实行两审终审，行政复议实行一审终裁制。就法律效力而言，行政诉讼则具有最终的法律效力，无论有没有经过行政复议，一经行政诉讼，诉讼的终审裁判结果就是有最终效力的结果，不能再由行政机关复议；行政复议一般没有最终的法律效力，行政相对人对复议不服，还可以提起行政诉讼。只有在法律规定复议裁决为终局裁决的情况下，复议才具有最终的法律效力，行政相对人不能再提起行政诉讼。

(6) 受案范围不同。行政诉讼的受案范围仅限于人身权和财产权方面。行政复议受案范围除涉及行政行为对人身权、财产权的侵犯外，还包括对受教育权和其他权利的侵犯；公民、法人或者其他组织在对具体行政行为申请行政复议时，可以对具体行政行为依据的规章以下的抽象行政行为申请审查，由行政复议机关受理后按法定权限和程序办理，发现违法，有权机关有权依法给予改变、撤销。而在行政诉讼中，人民法院对抽象行政行为只有部分审查权，但审查后无权对所审查的行政规章的是否存续作出安排；行政复议的受案范围虽大于行政诉讼，但并非包含行政诉讼受案范围。

63. 行政诉讼的受案范围有哪些

行政诉讼法的受案范围是指人民法院受理行政案件的权限范围，它决定着公民、法人或其他组织可以得到司法救济的广泛程度及司法权对行政权监督制约的程度。

人民法院受理公民、法人和其他组织对下列具体行政行为不服而提起的诉讼：第一，对拘留、罚款、吊销许可证和执照、责令停产停业、没收财物等行政处罚不服的。第二，对限制人身自由或者对财产的查封、扣押、冻结等行政强制措施不服的。第三，认为行政机关侵犯法律规定的经营自主权的。第四，认为符合法定条件申请行政机关颁发许可证和执照，行政机关拒绝颁发或者不予答复的。第五，申请行政机关履行保护人身权、财产权的法定职责，行政机关拒绝履行或者不予答复的。第六，认为行政机关没有依法发给抚恤金的。第七，认为行政机关违法要求履行义务的。第八，认为行政机关侵犯其他人身权、财产权的。除了以上各项之外，人民法院受理法律、法规规定可以提起诉讼的其他行政案件。

人民法院不受理公民、法人或者其他组织对下列事项提起的诉讼：第一，国防、外交等国家行为。概括地讲，国家行为是指涉及国家与国家间的关系、国家安全以及国家其他重大利益的，具有高度政治性的行为。具体指国务院、中央军委、国防部、外交部等根据宪法和法律的授权，以国家的名义实施的有关国防和外交的行为，以及经宪法和法律授权的国家机关宣布紧急状态、实施戒严和总动员等行为。第二，抽象行政行为。即行政法规、行政规章以及行政机关针对不特定对象制定发布的能够反复适用的具有普遍约束力的决定、命令等行政规范性文件。第三，内部行政行为。即行政机关对行政机关工作人员作出的奖惩、任免等涉及该行政机关工作人员权利义务的决定。第四，法律规定由行政机关最终裁决的具体行政行为。即由全国人大及其常委会制定的规范性文件规定由行政机关最终裁决的具体行政行为。

64. 提起行政诉讼的条件

行政诉讼案件的起诉必须具备以下条件：

（1）原告适格。原告必须是认为具体行政行为侵犯其合法权益的公民、法人或者其他组织；行政机关的具体行政行为必须客观存在；提起诉讼的公民、法人或者其他组织与被诉的具体行政行为具有利害关系；原告认为具体行政行为侵犯了其合法权益。

（2）被告明确。被告必须是行政机关或者法律、法规规定授权实施行政行为的组织，并必须指出谁是被告。若没有明确的侵害主体，起诉就不能成立。

（3）有明确的诉讼请求和确切的事实依据。

（4）符合受案范围和受诉法院管辖。起诉案件的受理范围应在《行政诉讼法》规定的范围之内，受诉法院也应是《行政诉讼法》所规定的有管辖权的法院。

65. 如何认定行政诉讼的被告

行政诉讼的被告是指被原告起诉指控侵犯其行政法上的合法权益和与之发生行政争议，而由人民法院通知应诉的行政主体。必须明确，行政诉讼的被告不是行政机关的工作人员，而是行政机关本身。在行政诉讼中，行政主体始终作为被告，这是行政诉讼的一大特点。根据《行政诉讼法》和最高院有关司法解释的规定，行政主体作被告的情况主要有以下几种：

（1）作出具体行政行为的行政机关作被告。作出具体行政行为的行政主体作被告主要有以下几类：公民、法人或者其他组织向人民法院提起诉讼的，作出具体行政行为的行政机关是被告；两个以上行政机关作出同一具体行政行为的，共同作出具体行政行为的行政机关是共同被告；经复议的案件，复议机关决定维持原具体行政行为的，作出原具体行政行为的行政机关是被告；复议机关在法定期间内不作复议决定，当事人对原具体行政行为不服向人民法院起诉的，应当以作出原具体行政行为的行政机关为被告。值得注意的是，公民、法人或其他组织对行政机关与非行政机关共同署名作出的处理决定不服，向人民法院提起诉讼的，应当以作出决定的行政机关为被告，非行政机关不能作被告。

（2）改变原具体行政行为的复议机关作被告。公民、法人或其他组织在起诉前，先按有关法律、法规的规定进行复议或选择了先行复议，而复议机关改变原具体行政行为的，即视为复议机关作出了新的具体行政行为，所以，原告提起行政诉讼时，就必须以该复议机关为被告。

所谓“复议决定改变原具体行政行为”是指以下情形之一：第一，复议决定改变原具体行政行为所认定的主要事实和证据的。所谓主要事实，是指具体行政行为的法定构成要件事实，主要证据则是证明构成要件事实的证据。在这里，“改变”包括补充、替代、调换以及推理过程改变、重新认定等情形；第二，改变原具体行政行为所适用的规范依据且对定性产生影响的。所谓“改变”，包括增加、减少、调整原具体行政行为所适用的法律条款，或者作出了新的解释，或者改变案件的定性；第三，撤销、部分撤销或者变更原具体行政行为处理结果的。复议决定无论是否改变原具体行政行为所认定的事实和所适用的依据，只要最终在处理结果上改变原具体行政行为，就应当适用该条款规定的诉讼管辖。处理结果的改变有撤销、部分撤销、变更等形式。

此外，复议机关如在法定期间内不作复议决定的，当事人是对复议机关这种不作为的行为不服提起诉讼的，应当以复议机关为被告。

（3）由法律、法规授权的组织所作的具体行为，该组织是被告。有的组织原来不具有行政管理职权，但法律、法规授予了它在某一行政事务方面的管理权，公民、法人或其他组织如认为该组织所作的具体行政行为侵犯了其合法权益，应以该组织为被告提起诉讼。例如，《食品卫生法》规定：县级以上卫生防疫站和食品卫生监督检查所为食品卫生监督机构，有权对违反食品卫生法情节严重的个人或组织，给予行政处罚。该卫生防疫站和食品卫生监督检验所就是由法律、法规授权的这类组织。

（4）委托某一组织作出具体行政行为的，委托的行政机关是被告。《行政诉讼法》第二十五条规定：由行政机关委托的组织所作的具体行为，委托的行政机关是被告。例如：乡政府委托某村民委员会行使某项行政职权，该村委会按照委托的权限作出某一具体行政行为，行政相对人对此不服的，必须以该乡政府为被告提起诉讼。行政机关在没有法律、法规或者规章规定的情况下，授权其内设机构、派出机构或其他组织行使行政职权的，应当视为委托。当事人不服提起诉讼的，应当以该行政机关为被告。

（5）行政机关的内设机构、派出机构作出具体行政行为的，该行政机关是被告。公民、法人或其他组织对行政机关的内设机构、派出机构作出的具体行政行为不服，向人民法院起诉的，应以该行政机关为被告。但是，有的法律、法规对行政机关的内设机构、派出机构有作出具体行政行为的授权，在此时可以参照“法律、法规授权的组织”，直接以该内设机构或派出机构为被告。例如，《治安管理处罚法》赋予公安派出所作出警告、50 元以下罚款的权力。

（6）行政机关被撤销的，继续行使其职权的行政机关是被告。在作出某一具体行政行为后，该行政机关被撤销的，法律规定，由继续行使其职权的行政机关作为被告；另外，行政机关被撤销后，没有继续行使其职权的行政机关，在这种情况下，应由决定撤销原行政机关的上级行政机关或上级行政机关指定的行政机关作为被告。

66. 行政诉讼的管辖有什么规定

行政诉讼管辖，是确定各级人民法院之间以及同级人民法院之间的权限划分，主要分为级别管辖和地域管辖。

（1）级别管辖。级别管辖依据法院级别分为四类：基层人民法院管辖第一审行政案件；中级人民法院管辖确认发明专利权的案件、海关处理的案件，对国务院各部门或者省、自治区、直辖市人民政府所作的具体行政行为提起诉讼的案件以及本辖区内重大、复杂的案件；高级人民法院管辖本辖区内重大、复杂的第一审行政案件；最高人民法院管辖全国范围内重大、复杂的第一审行政案件。

（2）地域管辖。地域管辖分为一般地域管辖、特殊地域管辖和共同管辖。

第一，一般地域管辖。一般地域管辖适用于没有法定特殊因素的一般行政案件。如果一个案件兼具两种性质，应当优先适用特殊地域管辖规定。例如，复议机关改变原具体行政行为的不动产案件，在管辖上应适用有关不动产的特殊管辖规定。《行政诉讼法》第十七条规定：行政案件由最初作出具体行政行为的行政机关所在地法院管辖。经复议的案件，复议机关改变原具体行政行为的，也可以由复议机关所在地人民法院管辖。复议机关维持原具体行政行为的案件，仍由作出原具体行政行为的行政机关所在地的人民法院管辖。在这种情况下，复议决定是原具体行政行为的简单重复，审查的客体实际上仍然是原具体行政行为。复议机关改变了原具体行政行为，可以由作出原具体行政行为的行政机关所在地的法院管辖，也可以由复议机关所在地的法院管辖，这属于共同管辖的一种情形。复议机关改变具体行政行为意味着原具体行政行为失去效力，作出了一个新的具体行政行为。

第二，特殊地域管辖。行政诉讼法规定的特殊地域管辖有两种情况：一是对限制人身自由的行政强制措施不服提起的诉讼，由被告所在地或者原告所在地法院管辖。对此，《关于执行〈行政诉讼法〉若干问题的解释》第九条第一款规定："原告所在地"，包括原告的户籍所在地，经常居住地和被限制人身自由地。所谓经常居住地，是指公民离开住所地连续居住满1年以上的地方。所谓被限制人身自由所在地，是指公民被羁押、限制人身自由的场所的所在地。该解释第九条第二款规定：行政机关基于同一事实既对人身又对财产实施行政处罚或者采取行政强制措施的，被限制人身自由的公民、被扣押或者没收财产的公民、法人或者其他组织对上述行为均不服的，既可以向被告所在地人民法院提起诉讼，也可以向原告所在地人民法院提起诉讼，受诉人民法院可一并管辖；二是因不动产而提起的诉讼，由不动产所在地的人民法院管辖。所谓不动产，是指形体上不可移动或者移动就会损失其经济价值的财产，如土地、建筑物、滩涂、山林、草原等。不动产所在地法院管辖是诉讼管辖制度中的一般规则，主要是为了就近调查，便于法院执行。

第三，共同管辖。共同管辖是指两个以上的法院对同一个诉讼案件都有合法的管辖权的情况。《行政诉讼法》规定的共同管辖情况有：行政复议决定改变原具体行政行为的案件，行政复议机关和原行政机关所在地的人民法院都有权管辖；采取限制人身自由的行政强制措施案件，被告所在地的法院与原告户籍地、住所地、被限制人身自由地的法院都有权管辖；临界不动产案件。有关行政区域的人民法院都有权管辖。

为了避免和解决管辖权争议，《行政诉讼法》和《关于执行〈行政诉讼法〉若干问题的解释》对此规定的解决办法有四种：第一，原告选择。对此，《行政诉讼法》第二十条规定：两个以上人民法院都有管辖权的案件，原告可以选择其中一个人民法院提起诉讼。第二，最先收到诉状的人民法院管辖。对此，《行政诉讼法》第二十条规定：原告向两个以上有管辖权的人民法院提起诉讼的，由最先收到起诉状的人民法院管辖。第三，受诉人民法院一并管辖。即在限制人身自由的强制措施案件中，行政机关同时采取其他行政措施的，原告可以选择法院，受诉人民法院可以一并管辖，通过一个诉讼程序审查若干个具体行政行为。对此，《关于执行〈行政诉讼法〉若干问题的解释》第九条第二款做了规定。第四，协商管辖或者指定管辖。因共同管辖发生争议的，有关法院可以协商。协商不成的，由共同的上级人民法院指定管辖。对此，《行政诉讼法》第二十二条第二款规定：人民法院对管辖权发生争议，由争议双方协商解决。协商不成的，报它们的共同上级人民法院指定管辖。

67. 行政诉讼中的被告需要负哪些举证责任

我国的行政诉讼制度采取被告负举证责任的分配原则，《行政诉讼法》第三十二条对此有极为明确的规定，即“被告对作出的具体行政行为负有举证责任，应当提供作出该具体行政行为的证据和所依据的规范性文件。”

根据《行政诉讼法》、《关于执行〈行政诉讼法〉若干问题的解释》、《最高人民法院关于行政诉讼证据若干问题的规定》（以下简称《关于行政诉讼证据若干问题的规定》）等规定，行政诉讼中的举证责任主要由被告承担，这一规定包含以下几个方面的内容：

第一，具体行政行为是否合法应由被告承担举证责任，处于被告地位的行政机关，应该举证说明自己所作的引起行政争议的具体行政行为的正确性和合法性。

第二，被告既要就作出具体行政行为的事实依据举证，又要就作出具体行政行为的法律依据举证。事实依据既包括实体上事实，也包括程序上的事实。如有关法律要求行政机关作出具体行政行为之前应当举行听证，则诉讼中被告应当就是否依法举行过听证进行举证。法律依据则主要是指所作出的具体行政行为所依据的法律、法规规章等。特别是对于规章和规章以下层次的规定文件，既要证明其存在，也要证明其合法，既要证明其符合法律、法规的规定或者不与有关的法律、法规相矛盾以及这些规范性文件相互之间不矛盾。

第三，如果被告对于引起诉讼的具体行政行为，不能提供作出具体行政行为的事实证据和法律规范，来证明该具体行政行为的正确和合法，则被诉行政机关可能承担败诉的诉讼后果。也就是说，行政诉讼中的举证责任既是一种行为责任，同时又是一种结果责任。

第四，被告举证责任的时限。根据《关于执行〈行政诉讼法〉若干问题的解释》及《关于行政诉讼证据若干问题的规定》的规定，被告应当自收到起诉状副本之日起10日内，提供据以作出被诉具体行政行为的全部证据和规范性文件。被告不提供或无正当理由逾期提供证据的，视为被诉具体行政行为没有相应的证据。《关于行政诉讼证据若干问题的规定》和《关于执行〈行政诉讼法〉若干问题的解释》又分别规定：被告因不可抗力或者客观上不能控制的其他正当事由，不能在前款规定的期限内（收到起诉状副本之日起10日内）提供证据的，应当在收到起诉状副本之日起10日内向人民法院提出延期的书面申请。人民法院准许延期提供的，被告应当在正当事由消除后10日内提供证据。逾期提供的，视为被诉具体行政行为没有相应的证据。被告在二审过程中提交在一审过程中没有提交的证据，不能作为二审法院撤销或变更一审裁判的根据。

第五，违法收集的证据不能证明被诉具体行政行为的合法性。根据《关于执行〈行政诉讼法〉若干问题的解释》第三十条规定：下列证据不能作为认定被诉具体行政行为合法的根据：一是被告及其诉讼代理人在作出具体行政行为后自行收集的证据；二是被告严重违反法定程序收集的其他证据。

《关于行政诉讼证据若干问题的规定》第六十条规定：下列证据不作为认定被诉具体行政行为合法的依据：被告及其诉讼代理人在作出具体行政行为后或者在诉讼程序中自行收集的证据；被告在行政程序中非法剥夺公民、法人或者其他组织依法享有的陈述、申辩或者听证权利所采用的证据；三是原告或者第三人在诉讼程序是提供的、被告在行政程序中未作为具体行政行为依据。第六十一条规定：复议机关在复议程序中收集和补充的证据，或者作出原具体行政行为的行政机关在复议程序中未向复议机关提交的证据，不能作为人民法院认定原具体行政行为合法的依据。

68. 行政诉讼中的原告需要负哪些举证责任

在行政诉讼制度运作过程中，法院发现行政诉讼被告负举证责任原则不应成为绝对的，否则，在某些问题上，就会出现十分荒谬或者对行政机关也非常不公平的现象。因此，《关于执行〈行政诉讼法〉若干问题的解释》明确规定针对以下事项，原告承担举证责任：证明起诉符合法定条件，但被告认为原告起诉超过起诉期限的除外；在起诉被告不作为的案件中，证明其提出申请的事实；在一并提起的行政赔偿诉讼中，证明因受被诉行为侵害而造成损失的事实；其他应当由原告承担举证责任的事项。

《关于行政诉讼证据若干问题的规定》，对原告的举证责任制度作了进一步完善：公民、法人或者其他组织向人民法院起诉时，应当提供其符合起诉条件的相应的证据材料；在起诉被告不作为的案件中，原告应当提供其在行政程序中曾经提出申请的证据材料。但有下列情形的除外：第一，被告应当依职权主动履行法定职责的。第二，原告因被告受理申请的登记制度不完备等正当事由不能提供相关证据材料并能够作出合理说明的。被告认为原告起诉超过法定期限的，由被告承担举证责任；在行政赔偿诉讼中，原告应当对被诉具体行政行为造成损害的事实提供证据。

这里要注意的是，《关于行政诉讼证据若干问题的规定》，只要求“原告应当对被诉具体行政行为造成损害的事实提供证据”，而不要求“证明因受被诉行为侵害而造成损失的事实”。

69. 什么是行政诉讼中的证据保全

《行政诉讼法》规定，在证据可能灭失或者以后难以取得的情况下，诉讼参加人可以向人民法院申请保全证据，人民法院也可以主动采取保全措施。证据保全是一项收集和保存证据的有效措施，它既是当事人提供证据的补救方法，也是人民法院取得证据的一种手段。

证据保全有两种途径：第一，诉讼参加人提出申请，向法院申请证据保全；证据保全申请的主体具体是当事人，包括原告、被告、诉讼第三人，未涉及到诉讼代理人、鉴定人、翻译人。第二，人民法院主动采取证据保全措施。人民法院如果发现证据可能灭失或者以后难以取得的情况下，可以依职权采取证据保全措施。

行政诉讼是以证据为基础展开的。依据有关证据，当事人和法院才能够了解或查明案件真相，明确争议的原因，正确、合理地解决行政纠纷。从纠纷的发生到开庭审理必然有一段时间间隔，在这段时间内，某些证据由于自然原因或人为原因，可能会灭失或者到开庭时难以取得。为了防止出现这类情况给当事人的举证和法院的审理带来困难，保障当事人的合法权益，行政诉讼法规定了行政诉讼中的证据保全制度。在出现证据可能灭失或以后难以取得的情况下，法院通过对证据的固定和保护，可以避免在开庭审理时由于证据的灭失或难以取得给案件的审理带来的困难，更好地维护当事人的合法权益。

70. 如何理解撤诉、延期审理和缺席判决

行政诉讼中的撤诉是指人民法院受理行政案件后至宣告判决或裁决前，原告自动要求撤回诉讼或放弃诉讼请求的一种行为。它是原告行使处分权的一种表现，也是人民法院终结行政案件审理的一种方式。行政诉讼中撤诉分为两种情况：第一，申请撤诉。经人民法院两次合法传唤，原告无正当理由拒不到庭的，视为申请撤诉；被告无正当理由拒不到庭的，可以缺席判决。第二，视为申请撤诉。人民法院对行政案件宣告判决或者裁定前，原告申请撤诉的，或者被告改变其所作的具体行政行为，原告同意并申请撤诉的，是否准许，由人民法院裁定。

延期审理，是指在遇有法定事由时，使人民法院已经确定的开庭期日或者正在进行的开庭审理，无法继续进行，而顺延至另一个期日进行审理的制度。有下列情况之一的，人民法院可以裁定延期审理：第一，因当事人请求延期审理。必须到庭的当事人和其他诉讼参与人有正当理由没有到庭的，人民法院可以延期审理。第二，当事人有正当理由不能按时参加诉讼的，人民法院可以延期审理。第三，能证明案件事实的必要证据不足，需要通知新的证人到庭、调取新的证据、重新鉴定、勘验，或者补充调查

的。第四，其他应当延期审理的情形。这是一项弹性规定，以适应诉讼中无法预测的特殊情况出现，由人民法院根据具体情况加以裁量。对于延期审理，人民法院应当作出裁定。法院决定延期审理的，可以当庭决定下次开庭审理的期日，也可以另行通知。

缺席判决是指开庭审理案件时，只有一方当事人到庭，人民法院仅就到庭的一方当事人进行询问、核对证据、听取意见，在审查核实未到庭一方当事人提出的起诉状或答辩状和证据后，依法作出的判决。根据《行政诉讼法》第四十八条规定，经人民法院两次合法传唤，原告无正当理由拒不到庭的，视为申请撤诉；被告无正当理由拒不到庭的，可以缺席判决。根据最高院的有关规定，人民法院裁定不准许原告撤诉，如果原告仍拒不到庭的，人民法院可以比照第四十八条的规定作出缺席判决。缺席判决只能是在案件事实已经全部查清的情况下才能依法作出。

71. 如何适用中止诉讼与诉讼终结

诉讼中止，是指在诉讼过程中，因出现法定事由而使本案诉讼活动难以继续进行，受诉法院裁定暂时停止本案诉讼程序的制度。在诉讼过程中，有下列情形之一的，中止诉讼：第一，原告死亡，须等待其近亲属表明是否参加诉讼的。第二，原告丧失诉讼行为能力，尚未确定法定代理人的。第三，作为一方当事人的行政机关、法人或者其他组织终止，尚未确定权利义务承受人的。第四，一方当事人因不可抗力的事由不能参加诉讼的。第五，案件涉及法律适用问题，需要送请有权机关作出解释或者确认的。第六，案件的审判须以相关民事、刑事或者其他行政案件的审理结果为依据，而相关案件尚未审结的。第七，其他应当中止诉讼的情形。中止诉讼的原因消除后，恢复诉讼。

诉讼终结，是指在诉讼进行中，由于出现特定情形，使诉讼程序不能继续进行下去，或者失去了继续进行的意义，从而结束诉讼程序的一种法律制度。在诉讼过程中，有下列情形之一的，终结诉讼：第一，原告死亡，没有近亲属或者近亲属放弃诉讼权利，或诉讼中止满 90 日，其近亲属仍不表明参加诉讼的。第二，作为原告的自然人丧失诉讼行为能力，尚未确定法定代理人，诉讼中止满 90 日，仍无人继续诉讼的。第三，作为原告的法人或者其他组织终止后，其权利义务的承受人放弃诉讼权利的，或尚未确定权利义务承受人，诉讼中止满 90 日，仍无人继续诉讼的。诉讼终结时，人民法院应当制作裁定书，裁定书一经送达即发生法律效力，当事人不得提出上诉，即当事人不得再就同一事实和理由就同一诉讼标的再行起诉。

72. 诉讼期间，哪些情况停止具体行政行为的执行

根据《行政诉讼法》第四十四条规定，诉讼期间，不停止具体行政行为的执行。但有下列情形之一的，停止具体行政行为的执行：第一，被告认为需要停止执行的。第二，原告申请停止执行，人民法院认为该具体行政行为的执行会造成难以弥补的损失，并且停止执行不损害社会公共利益，裁定停止执行的。第三，法律、法规规定停止执行的。

73. 行政诉讼一审程序与二审程序有什么区别

行政诉讼一审程序与二审程序主要存在以下区别：

(1) 审级不同。一审程序是案件的第一审法院适用的程序，而二审程序是第一审法院的上一级人民法院审理第二审案件适用的程序。

(2) 审理的对象不同。一审程序针对行政机关所作出的具体行政行为，而二审是当事人不服第一审人民法院作出的尚未生效的第一审判决或裁定。

(3) 审判程序发生的原因不同。一审程序的发生是因为当事人行使了起诉权，二审程序的起因是当事人行使上诉权。行使起诉权是行政相对人要求人民法院查明案件事实，正确运用法律，以保护自己的合法权益，对行政机关的违法行政行为加以惩处；行使上诉权的直接目的是请求上级人民法院审查一审法院认定的事实及适用的法律，以改变一审裁判，从而达到维护自己合法权益的终极目的。

(4) 合议庭组成不同。一审程序中合议庭的组成人员中可以有人民陪审员；而在二审程序中合议庭组成人员只能是审判员。

(5) 审理期限不同。一审程序的审理期限是 3 个月，有特殊情况需要延长的，由高级人民法院批准，高级人民法院审理第一审案件需要延长的，由最高人民法院批准；而二审程序的审理期限是 2 个月，有特殊情况需要延长的，由高级人民法院批准，高级人民法院审理上诉案件需要延长的，由最高人民法院批准。

(6) 裁判的效力不同。一审案件的裁判，允许当事人在法定期限内行使上诉权；二审法院对第二审案件作出的裁判宣告后立即生效，为终审判决。

74. 行政诉讼中如何适用判决

行政诉讼判决是人民法院审理行政案件终结时，根据所查清的事实和法律规定对行政案件实体问题作出的结论性处理决定。

（1）一审判决。行政诉讼中最重要的是一审判决。一审判决共有六种形式：维持判决、撤销判决、履行判决、变更判决、驳回原告诉讼请求判决和确认判决。

第一，维持判决是人民法院通过审理，确认被告的具体行政行为合法，予以维持的判决，它是人民法院对行政机关具体行政行为合法性的确认。维持判决应同时具备以下条件：一是具体行政行为证据确凿，即指具体行政行为认定的事实清楚，证据确实充分；二是适用法律、法规正确，是指具体行政行为对认定的事实定性准确，对法律、法规的引用正确；三是符合法定程序，即指具体行政行为的程序符合法律、法规规定的程序。

第二，撤销判决是人民法院经过对案件的审查，认定被诉具体行政行为部分或全部违法，从而部分或全部撤销被诉具体行政行为，并可以责令被告重新作出具体行政行为的判决。根据《行政诉讼法》的规定，撤销判决可分为三种具体形式：一是全部撤销，适用于具体行政行为全部违法或具体行政行为部分违法但具体行政行为不可分的情形；二是部分撤销，适用于具体行政行为部分违法且具体行政行为可分的情形；三是判决撤销并责令被告重新作出具体行政行为，适用于违法具体行政行为被撤销后，行政法律关系中的具体法律问题并未解决，尚需被告对具体行政行为所涉及的事项作出处理的情形。

具体行政行为具备下列情形之一的，人民法院应当作出撤销判决：一是主要证据不足；二是适用法律、法规错误；三是违反法定程序；四是超越职权；五是滥用职权。

人民法院判决撤销违法的被诉具体行政行为，将会给国家利益、公共利益或者他人合法权益造成损失的，人民法院在判决撤销的同时，可以分别采取以下方式处理：一是判决被告重新作出具体行政行为；二是责令被诉行政机关采取相应的补救措施；三是向被告和有关机关提出司法建议；四是发现违法犯罪行为的，建议有权机关处理。

人民法院判决被告重新作出具体行政行为的，被告不得以同一事实和理由作出与具体行政行为基本相同的具体行政行为。但人民法院以违反法定程序为由，判决撤销被诉具体行政行为的，行政机关重新作出具体行政行为不受此限。同时，被告重新作出的具体行政行为与原具体行政行为结果相同，但主要事实或者主要理由有改变的，不属于"与原具体行政行为基本相同"的情形。如果被告行政机关违反上述规定，仍以同一事实和理由重新作出了与原具体行政行为基本相同的具体行政行为，人民法院应判决撤销或部分撤销该具体行政行为，并对拒绝履行人民法院生效判决、裁定的行政机关采取相应的强制措施，促使其履行义务。

第三，履行判决是人民法院经过审理认定行政机关负有法定职责，无正当理由拒不履行或拖延履行的，责令被告限期履行法定职责的判决。履行判决应满足以下两个条件：一是被告负有法定职责，应当履行一定的义务；二是行政机关不履行或拖延履行法定职责。行政机关有职责就应当履行，如果没有正当理由不履行或拖延履行，则会导致对公民、法人或其他组织合法权益的侵害。

第四，变更判决是人民法院经审理，认定行政处罚行为显失公正，运用国家审判权直接予以改变的判决。变更判决是人民法院行使司法变更权的具体表现。与撤销判决最大的区别在于变更判决直接确定了当事人的权利与义务，因此便于实现行政审判的任务。因此人民法院在行政诉讼中仅享有有限的变更权，这种有限表现于变更判决的适用条件：一是变更判决只适用于行政处罚行为；二是变更判决只适用于显失公正的行政处罚行为。

第五，驳回原告诉讼请求判决是人民法院经审理认为原告的诉讼请求依法不能成立，但又不适宜对被诉具体行政行为作出其他类型的判决的情况下，直接作出否定原告诉讼请求的一种判决形式。

驳回原告的诉讼请求判决适用于下列情况：一是起诉被告不作为理由不能成立的；二是被诉具体行政行为合法但存在合理性的问题；三是被诉具体行政行为合法，但因法律、政策的变化需要变更或废止的；四是其他应当判决驳回原告诉讼请求的情形。除上述四种情形外，人民法院在审理行政案件中发现不能或不适宜作出其他类型的判决，而原告的诉讼请求又不能成立的，人民法院可以作出驳回原告诉讼请求的判决。

第六，确认判决是人民法院通过对被诉具体行政行为的审查，确认被诉具体行政行为合法或违法的一种判决形式。确认具体行政行为合法或者有效判决的适用条件是：一是被诉具体行政行为合法；二是人民法院不适宜适用维持判决或者驳回原告诉讼请求判决。

有下列情形之一时，人民法院应当作出确认具体行政行为违法或者无效的判决：一是被告不履行法定职责，但判决责令其履行法定职责已无实际意义的。二是被诉具体行政行为违法，但不具有可撤销内容的。三是被诉具体行政行为依法不成立或者无效的。四是被诉具体行政行为违法，但撤销该具体行政行为将会给国家利益或者公共利益造成重大损失的，人民法院应当作出确认被诉具体行政行为违法的判决，并责令被诉行政机关采取相应的补救措施；造成损害的，依法判决承担赔偿责任。

当事人不服人民法院第一审判决的，有权在判决书送达之日起15日内向上一级人民法院提起上诉。

（2）二审判决。第二审判决有以下两种：

第一，判决驳回上诉，维持原判。维持原判的条件是：一是原审判决认定事实清楚，即第一审判决所依据的事实有充分的证据可资证明；二是原审判决适用法律、法规正确。

第二，依法改判。即第二审人民法院用判决的形式直接改正第一审法院错误的判决。改判是第二审人民法院对第一审判决内容的改变，是第二审人民法院重新作出的判决，它可以对原判的内容全部加以改变，也可以对原判的内容部分予以改变。依法改判适用于以下两种情况：一是原判决认定事实清楚，但适用法律、法规有错误；二是原判决认定事实不清，证据不足，或者由于违反法定程序可能影响案件正确判决的，裁定撤销原判，发回原审人民法院重审，也可以查清事实后改判。对此种情况下的改判需注意两点：一是二审法院必须在查清事实的基础上进行改判；二是根据《行政诉讼法》的规定，在上述第二种可适用改判的情况下，人民法院也可以作出撤销原判发回重审的裁定，但对严重违反法定程序的，则无论主要事实清楚与否，均应发回重审。

第二审人民法院审理上诉案件，需要改变原审判决的，应当同时对被诉具体行政行为作出判决。因为第二审人民法院审理上诉案件，须对原审人民法院的裁判和被诉具体行政行为是否合法进行全面审查，因此二审法院在对一审法院的判决进行改判时，必然会涉及到对被诉具体行政行为重新予以认定，从而对被诉具体行政行为依法维持、撤销或者变更。

（3）再审判决。再审裁判是人民法院按照审判监督程序所作出的裁判。再审裁判既可以采用判决形式，也可以采用裁定形式。

第一，人民法院经过再审审理认为原审判决认定事实和适用法律均无不当时，人民法院应当裁定撤销原中止执行的裁定，继续执行原判决。

第二，人民法院经过再审审理认为原审判决、裁定确有错误的，人民法院分不同情况进行处理：一是原审人民法院审理案件时违反法定程序可能影响案件正确裁决的，人民法院应当作出裁定，将案件发回作出生效裁判的人民法院重新审理。这些情形主要有：其一是审理本案的审判人员、书记员应当回避而未回避的；其二是依法应当开庭审理而未经开庭即作出判决的；其三是未经合法传唤当事人而缺席判决的；其四是遗漏必须参加诉讼的当事人的；其五是对与本案有关的诉讼请求未予裁判的。二是人民法院经过再审审理，如果认为第二审人民法院维持第一审人民法院不予受理或者驳回起诉裁定错误的，再审人民法院应当撤销第一审、第二审人民法院裁定，指令第一审人民法院受理。三是除上述两种情况外，再审人民法院认为原审判决、裁定确有错误时，在撤销原生效裁决或者裁定的同时，可以对生效判决、裁定的内容作出相应裁判，也可以裁定撤销生效判决、裁定，发回作出生效判决、裁定的人民法院重新审判。再审判决、裁定的效力取决于再审人民法院按照哪一种程序审理，如果按照第一审程序审理，再审人民法院所作的判决、裁定，当事人可以上诉；如果按照第二审程序审理，所作的判决、裁定是发生法律效力的判决、裁定，当事人不得上诉。

75. 行政诉讼中如何适用裁定、决定

行政裁定，是指在行政诉讼过程中，人民法院针对行政诉讼程序问题作出的裁决。行政裁定与行政判决具有同等的法律效力。行政裁定适用于下列范围：不予受理；驳回起诉；管辖异议；终结诉讼；中止诉讼；移送或者指定管辖；诉讼期间停止具体行政行为的执行或者驳回停止执行的申请；财产保全；先予执行；准许或者不准许撤诉；补正裁判文书中的笔误；中止或者终结执行；提审、指令再审或者发回重审；准许或者不准许执行行政机关的具体行政行为；其他需要裁定的事项。对于起诉不予受理、驳回起诉和管辖异议的裁定，当事人不服时，有权在接到裁定书之次日起 10 日内向上一级人民法院提起上诉。

行政诉讼决定，是指人民法院在诉讼期间，对诉讼中遇到的特殊事项作出的裁决。决定是人民法院各种命令的总称。决定在行政诉讼中主要调整人民法院本身与诉讼参与人或者其他人之间的矛盾，或者处理与案件程序有关而与当事人无直接关系的事项。决定一经送达即发生法律效力。当事人对人民法院的决定一律不准上诉。法律规定被决定人可以申请复议，复议期间不停止案件的审理和决定的执行。决定适用于下列范围：指定管辖；决定管辖权的转移；决定回避；确定第三人；指定法定代理人；许可律师以外的当事人和其他诉讼代理人查阅庭审材料；指定鉴定；确定不公开审理；处理妨碍诉讼行为；决定案件的移送；决定强制执行生效的判决和裁定；确定诉讼费用的承担；其他次要的程序问题或者人民法院在行政

审判过程中发生的内部问题。

76. 什么是行政诉讼强制措施

行政诉讼强制措施是指人民法院对实施妨害行政诉讼顺利进行的人，依法采取的一种司法行政制裁手段。行政诉讼强制措施就其性质上看，是一种诉讼上的强制手段，不属于法律制裁。

根据《行政诉讼法》第四十九条规定，诉讼参与人或者其他人有下列行为之一的，人民法院可以根据情节轻重，予以训诫、责令具结悔过或者处 1000 元以下的罚款、15 日以下的拘留；构成犯罪的，依法追究刑事责任：第一，有义务协助执行的人，对人民法院的协助执行通知书，无故推拖、拒绝或者妨碍执行的；第二，伪造、隐藏、毁灭证据的；第三，指使、贿买、胁迫他人作伪证或者威胁、阻止证人作证的；第四，隐藏、转移、变卖、毁损已被查封、扣押、冻结的财产的；第五，以暴力、威胁或者其他方法阻碍人民法院工作人员执行职务或者扰乱人民法院工作秩序的；第六，对人民法院工作人员、诉讼参与人、协助执行人侮辱、诽谤、诬陷、殴打或者打击报复的。

罚款、拘留须经人民法院院长批准。当事人不服的，可以申请复议。

案例分析 39　汽车城是否具备原告主体资格

案　例

北京某汽车销售有限公司和汽车城因一起违法建筑的强制拆除，对某县城市管理监察大队的强制拆迁决定不服，并以不同的理由分别将城管大队告上法庭。北京市第二中级人民法院分别作出终审判决和裁定。判决驳回汽车销售有限公司上诉，维持一审法院维持城管大队强制拆除决定的判决；裁定撤销一审法院判决，驳回汽车城起诉。

1998 年 11 月，某汽车销售有限公司未经规划部门批准在某县搭建违法建筑 2 间。2004 年 10 月，该县城管大队经调查、取证、现场勘验、检查，并询问汽车销售有限公司法定代表人，确认汽车销售有限公司为违法建筑所有人。2005 年 3 月 30 日，城管大队根据《北京市市容环境卫生条例》（本案例中以下简称《卫生条例》）规定，经报县政府批准对上述违法建筑作出强制拆除决定书。4 月 2 日，汽车销售有限公司的违法建筑被强制拆除。

该汽车销售有限公司不服该强制拆除决定诉至一审法院称，城管大队所作强制拆除决定确认的违法建筑不是自己公司所建，请求撤销该强制拆除决定。

同时，汽车城起诉到一审法院称，城管大队对汽车销售有限公司作出的强制拆除决定所涉及的建筑是属于汽车城的，该决定侵犯汽车城合法权益，请求法院依法撤销城管大队作出的强制拆除决定；由城管大队赔偿经济损失80万元。

一审法院经审理判决后，汽车城与汽车销售有限公司均不服，汽车销售有限公司以涉案违法建筑不是自己出资所建，城管大队强制拆除决定的处罚对象确认有误为由，汽车城以对未采信自己所出具证据没有表述理由为由分别上诉到北京第二中级人民法院。

第二中级人民法院经审理认为，城管大队在调查取证的基础上，确认未经规划部门批准搭建建筑的违法行为人是汽车销售有限公司。该大队根据《卫生条例》规定，经县政府批准对上述违法建筑所作强制拆除决定，认定事实清楚，证据确实、充分，适用法规正确，程序合法，应予维护。一审法院判决正确，应予维持。汽车城主张违法建筑是自己出资所建，未能出具有效证据证明，法院不予采信。根据《行政诉讼法》规定，提起行政诉讼应符合起诉条件。城管大队所作强制拆除决定的行政行为相对人是汽车销售有限公司，汽车城与该具体行政行为没有法律上的利害关系，故不具备原告主体资格，且其没有被城管大队行政行为侵权的事实根据，依法应驳回其起诉。

【解析】

本案涉及行政诉讼的原告资格问题。

行政诉讼原告是指认为行政主体及其工作人员的具体行政行为侵犯其合法权益，以自己的名义向人民法院提起诉讼，从而引起行政诉讼程序发生的个人或组织。行政诉讼原告是行政诉讼参加人中重要的一方，行政诉讼的原告主体资格是个人或组织的诉讼请求能否得到法院支持的一个前提条件。对于行政诉讼原告主体资格问题，我国《行政诉讼法》以及《关于执行〈行政诉讼法〉若干问题的解释》都作了相关规定，根据这些相关的法律规定，可以对行政诉讼原告所应具备的资格得出如下认识：

(1) 原告必须是个人或者组织。依照我国《行政诉讼法》第二十四条的规定，“行政诉讼原告的类型有公民、法人和其他组织。”行政诉讼中在诉讼当事人这一领域的一大特点就是行政主体只能成为诉讼中的被告，即行政主体是行政诉讼原告的排除类型。

(2) 原告享有合法权益并且认为该合法权益受到行政主体具体行政行为的影响。诉讼中原告的诉求必须是基于利益受损而请求法院予以恢复或救济，所以首先要求原告是合法权益的享有者，否则不具备就该合法利益起诉之资格。同时原告必须认为自己享有的合法权益受到了具体行政行为的影响。此处需要注意两点：第一，基于我国现行行政诉讼法的规定，行政诉讼只能针对行政机关作出的具体行政行为，法院对抽象行政行为的司法审查只能附带于对具体行政行为的司法审查作出。第二，对于“认为自己享有的合法权益受到了具体行政行为的影响”在立案时要作适当的把握，一方面不能仅凭起诉人的主观意识（否则原告资格就会形同虚设），另一方面亦不能要求起诉人的权益必须受到现实的损害，把从实体上判断权益是否真正受损作为判断起诉人是否具有原告资格的考虑因素是不合逻辑和违背正当程序的。

(3) 原告必须是向人民法院提起诉讼的个人或组织。行政诉讼的原告并不一定是行政管理关系的行政相对人，不能仅仅因为起诉人不是涉案行政关系的行政相对人而判定其不具有原告主体资格。根据《关于执行〈行政诉讼法〉若干问题的解释》中的规定，“与具体行政行为有法律上利害关系的公民、法人或者其他组织”都可以就该具体行政行为向人民法院提起诉讼。

本案北京某县城管大队根据《卫生条例》规定查处了某汽车销售公司未经规划部门批准搭建的违法建筑，在经过调查、取证、现场勘验、检查并确认汽车销售公司是该违法建筑的所有人之后，对于违法建筑作出了强制拆除的决定。显而易见，汽车销售公司在这一行政管理关系中处于行政相对人地位。该公司在法律形式上是法人，并且认为城管大队的行政行为将自身作为强制拆除对象的做法是错误的，并向人民法院提起了行政诉讼，所以根据行政诉讼原告主体资格的条件判断，该公司具备该案行政诉讼原告主体资格。某汽车城主张城管大队强制拆除的违法建筑乃自己所有，城管大队的具体行政行为侵犯了自身合法权益。如果汽车城确实为被拆除的违法建筑的所有者，那么尽管强制拆除是针对汽车销售公司作出的，汽车城也能够基于被拆建筑所有者的身份成为利害关系人，根据《关于执行〈行政诉讼法〉若干问题的解释》，可以成为适格的行政诉讼原告。从二审法院的判决中可以看出，汽车城并未举出充分的证据证明被拆建筑为自身所有这一事实，从而不能证明自身利益受到了城管大队具体行政行为的影响，不能成为适格的行政诉讼原告。

案例分析 40　行政机关可否作为行政诉讼原告提起行政诉讼

案　例

某县公安局准备盖新的办公大楼，经过一番激烈的内部讨论后，选定了新办公大楼的地址。紧接着公安局向城建局提出审批申请，但是，城建局认为公安局选定的盖房地点早已被规划为城市绿地建设用地，不能再批准公安局盖办公大楼，因此驳回了公安局的审批申请。公安局不服城建局的驳回决定，欲向法院提起行政诉讼。

【解析】

本案涉及行政诉讼的原告资格以及行政诉讼原告如何确定的问题。

在诉讼中，原告是积极启动诉讼程序，诉称其合法权益被侵害的个人或组织。行政诉讼的原告，我国《行政诉讼法》规定，可以作为原告提起行政诉讼的是公民、法人或者其他组织，行政机关一般作为行政诉讼的被告参加诉讼。《行政诉讼法》第二十四条第二款规定："依照本法提起诉讼的公民、法人或者其他组织是原告。"这里的法人与其他组织，一般是指不具有行政管理职权的普通法人与组织，不包括行政机关。

但是，行政机关具有双重身份：一重身份是作为国家行政权的行使者，对社会进行全方位的管理；另一重身份是机关法人，可能作为平等的民事主体参与各种法律关系，也可能接受其他行政机关的管理。当行政机关作为普通的机关法人出现时，它不行使特定的行政职权，反而成为其他行政机关行政管理活动的行政管理相对人。此时，应当赋予行政机关作为普通机关法人身份的行政管理相对人的地位——当作为机关法人的行政机关的合法权益受到其他具体行政行为侵害时，它可以以原告的身份提起行政诉讼，保护其合法权益。所以，不能一概而论说行政机关不能作行政诉讼的原告。在判断行政机关是否具有原告资格时，要注意区分该行政机关是以哪一重身份出现的。行政机关如果是作为行政权的行使者身份出现的，则行政机关不具备行政诉讼原告资格；如果行政机关是作为普通的机关法人，接受其他行政机关管理，其对该行政机关作出的具体行政行为不服的，应当可以作为原告提起行政诉讼。原因在于，行政机关只能在各自的职权范围内行使职权，对各自职权范围之外的事项，仍要接受其他行政机关的管理，其合法权益也可能受其他行政机关的侵害。此时，就应当赋予其原告资格。

公安局虽然常常是以社会治安的管理者身份出现，行使特定的维护社会治安秩序的职权，处理违反行政管理秩序的行政管理相对人。但是，在本案中，公安局并不是在行使维护社会治安的行政管理职权，而是作为普通的行政管理相对人向城建局提出审批申请。此时公安局的身份只是一般的机关法人。所以，当城建局不批准或不予答复时，公安局可以作为原告向人民法院提起行政诉讼，以保护自身的合法权益。

案例分析 41　G 娱乐有限公司是否是行政诉讼的第三人

案　例

某市文化局决定将该市的所有有线电视频道管理都许可由一家娱乐公司经营，该家娱乐公司有权对该地的有线电视节目进行准入审查，并有权向用户收取费用。该市总共有三家娱乐公司竞争，分别是 G 娱乐有限公司、K 娱乐有限公司和 F 娱乐有限公司。文化局经过比较，决定将经营权许可给 G 娱乐有限公司。K 和 F 娱乐有限公司对该许可决定不服，认为文化局在作出许可时考虑了不相关因素，而且程序违法，起诉至法院。法院受理该案后，通知 G 娱乐有限公司作为第三人参加行政诉讼。

【解析】

本案涉及行政诉讼第三人的问题。

行政诉讼第三人，是指认为同他人所提起诉讼的被诉行政行为有利害关系，为了维护自己的合法权益而参加诉讼的个人或组织。根据《行政诉讼法》第二十七条规定：“同提起诉讼的具体行政行为有利害关系的其他公民、法人或其他组织，可以作为第三人申请参加诉讼，或由人民法院通知参加诉讼。”在行政诉讼中，第三人具有独立的诉讼地位，他参加诉讼不是为了原告，也不是为了被告的利益，他同原告、被告的利益没有直接瓜葛，是因为具体行政行为影响到他的合法权益，为了维护自己独立的合法权益而参加诉讼的。由于第三人与被诉的具体行政行为有法律上的利害关系，所以，第三人有权提出与本案有关的诉讼请求，人民法院可以对第三人的请求作出判决，第三人对人民法院的第一审判决不服的，也可以提出上诉。

本案涉及关于行政诉讼第三人的问题，即行政许可行为的受益人能否作为第三人，参加其他行政管理相对人针对行政许可提起的诉讼。在这里，关键是 G、K 和 F 娱乐有限公司是否是该行政许可行为的行政管理相对人，其权益是否受行政许可行为的影响。从权利类型的角度分析，K 和 F 娱乐有限公司的公平竞争权受到了影响。因此，它们有权就行政许可行为提起行政诉讼。因为行政机关作出的是排他性的许可，这一许可作出后，只有获得许可的唯一一家公司有权经营有线电视。这样，其他申请人的权利也就受到这一许可的影响。按照《关于执行〈行政诉讼法〉若干问题的解释》第十三条的规定，“被诉的具体行政行为涉及其相邻权或者公平竞争权的”，行政管理相对人可以提起诉讼。因此，K 和 F 娱乐有限公司有权提起行政诉讼。同时，G 娱乐有限公司也属于行政许可的利害关系人，应当作为第三人参加行政诉讼。

案例分析 42　行政指导行为是否属于行政诉讼受案范围

案　例

某县政府根据本县经济发展的实际情况和其对国内外香菇市场的了解，积极号召并指导全县农民大量种植香菇，以求全县农民的脱贫致富。但是，在全县农民大面积种植了香菇之后，国外市场需求量锐减，出口量不升反降，国内市场又无法消化大量出产的香菇，结果导致香菇价格急剧下跌。原本为脱贫致富种植香菇的农民，不但不能致富反而更加贫困。部分农民认为，自己之所以会大面积种植香菇，并最终导致亏本，原因在于县政府的指导有误，否则就不会出现这种结果。因此这些农民欲向法院起诉县政府。

【解析】

本案涉及行政指导行为是否属于行政诉讼受案范围的问题。

行政指导是一种新型的行政活动方式。它与其他行政活动方式相比较而言，最明显的特征是它的非强制性，它的功能与作用的发挥以获取行政管理相对人的同意或协助为前提条件。也就是说行政机关没有也不能强迫公民、法人或者其他组织一定要按照行政指导的内容作为或不作为，否则，就不是行政指导行为。正因为行政指导不具有强制约束力，行政指导对行政管理相对人产生影响只是行政管理相对人愿意接受指导的结果。所以世界上其他国家，一般也不将行政指导行为纳入行政诉讼救济的范围。根据《行政诉讼法》及其相关司法解释的规定，行政机关的行政指导行为不属于人民法院受理行政案件的范围。我国《行政诉讼法》第十一条列举的可诉具体行政行为中没有提及行政指导行为，第二条所规定的具体行政行为也不包括行政指导行为。《关于执行〈行政诉讼法〉若干问题的解释》第一条第二款第四项规定："不具有强制力的行政指导行为"不属于人民法院行政诉讼的受案范围。另外，《中华人民共和国国家赔偿法》（以下简称《国家赔偿法》）第三条、第四条所规定的侵犯人身权与财产权的赔偿范围，也不包括由于行政指导而给行政管理相对人造成损害结果的行为。

关于行政指导行为为什么没有被纳入行政诉讼与国家赔偿的范围，还可以从另外一个角度解释，即行政指导以行政管理相对人的自愿接受为前提条件，对行政管理相对人不具有强制约束力，所以就不存在典型的具体行政行为意义上的合法性评判问题。行政指导行为只是相当于给行政管理相对人提出了某种可供参考的建议，指出了一种可以尝试的可能而已，所以不存在合法与否的问题。既然行政指导行为不存在所谓的合法与否的评判，而行政诉讼与国家赔偿责任的承担又都是对行政活动合法与否的评判为前提的，所以行政指导行为不应纳入行政诉讼的范围。当然，如果行政机关在行政指导过程中，使用或变相使用了强制约束力，使得特定的行政管理相对人对行政指导不具有自愿选择权，那么这种"指导"就是可诉的具体行政行为，既可以对其提起行政诉讼，也可以请求国家赔偿。

本案中，县政府的行政指导行为表现为积极地鼓励、号召、提供相关信息等非强制性的方式，县政府没有强制本县农民一定要种或不种植香菇，种与不种香菇最终都是取决于农民的自愿选择。因此，我们也无法对该行政指导行为作合法与否的判断。县政府的行政指导行为与种植香菇所造成的损失之间，也不存在直接的因果关系。所以，该县农民即使起诉到法院，人民法院也不会受理。相应地，县政府也不承担由于这一行政指导行为所造成的客观损失结果。

案例分析 43　对行政不作为的起诉条件是什么

案　例

2007 年，某市甲区法院受理原告某电脑有限公司状告某市财政局行政不作为案。

原告某电脑有限公司诉称，原告于 2007 年年初参加了由某工程管理（集团）有限公司组织的某市工商行政管理局触摸屏政府采购项目的招投标。

2007 年 3 月 6 日，中国政府采购网公布了中标结果。原告未中标，然而中标人某科技有限公司的供应价格足足比原告高出了 30 多万元。原告所参与投标的产品各项指标都符合招标文件的要求，报价也是所有供应商中最低的，可以说原告的产品无论在价格还是质量上都最具有竞争力。基于上述事实，原告根据《中华人民共和国政府采购法》（以下简称《政府采购法》）的规定于 2007 年 3 月 14 日下午向某工程管理（集团）有限公司提出书面质疑，而该公司却以质疑期已过为由拒绝接受《质疑函》同时拒绝出具答复意见。原告于 2007 年 4 月 5 日向被告递交了《政府采购投诉书》以及相关材料，并按被告要求补交了材料，但被告立案调查后始终没有对原告进行答复。之后，原告向法院起诉，要求被告对原告投诉书中的问题予以处理和答复。

【解析】

本案涉及行政不作为的认定问题。

行政不作为是指行政主体负有积极作为的行政义务，并且具有作为的可能性，但却在程序上超过法定期间或合理期间消极的有所不为的行政违法行为。《行政诉讼法》第十一条规定，“行政相对人可以申请行政机关履行保护人身权、财产权的法定职责，行政机关拒绝履行或者不予答复的；要求颁发许可证和执照，行政机关予以拒绝或不予答复的；要求依法发给抚恤金而不依法发给的”，在这些情况下，可对相应行政主体提起行政诉讼。对《行政诉讼法》没有明确列举的行政不作为，一般认为涉及到侵犯相对人人身权、财产权的不作为，除涉及国家行为、抽象行为、内部行为和法律规定的终局裁决行为的有关事项外，都可以提起行政诉讼的不作为.

本案中，如何判定某市财政局的做法是否是行政不作为，关键要看是否符合行政不作为成立的构成要件。行政不作为的成立必须具备相应的构成要件，准确理解和把握行政不作为的构成要件是行政审判实践中正确审理行政不作为案件的关键。行政不作为有以下四个构成要件：

第一，行政不作为的主体必须是行政主体。根据我国法律规定和行政法的理论，行政主体包括行政机关和法律、法规授权的组织，具体指能独立以自己名义对外行使行政职权和承担法律责任的某一行政机关或法律、法规授权的组织。本案中的某市财政局符合这一要求。

第二，行政主体具有作为的行政义务。如前所述，行政主体的义务既有法定义务，也有非法定义务，但无论哪种义务，由于行政主体身份的特殊性，都属于必须履行的行政义务。如果行政主体不存在必须履行的行政义务，则谈不上行政不作为。本案中，根据《政府采购法》第十三条之规定“各级人民政府财政部门是负责政府采购监督管理的部门，依法履行对政府采购活动的监督管理职责”，某市财政局对其辖区内的政府采购事项具有监管的职权和职责。也就是其对本案中的投诉具有作为的行政义务，它的这种义务有法定的依据。

第三，行政主体有履行行政义务的可能性。虽然行政主体负有行政义务，但是由于客观条件的限制、意外事件以及不可抗力，导致行政主体及其工作人员由于非主观的原因而不能及时履行行政义务，便不能认定为行政不作为。只有在行政主体具有履行义务的可能性，而由于故意或过失没有在法定的或合理的期间作为的，才能构成行政不作为。本案中，没有遇到客观条件的限制、意外事件以及不可抗力的情况下，行政主体某市财政局在原告向其补充了相关材料后，仍然没有对原告的投诉进行处理。因此，某市财政局的行政不作为是出于主观故意，且具有履行行政义务的可能性。

第四，行政主体在客观上具有在法定的或合理的期限内不履行行政义务的事实。行政主体不履行行政义务在司法实践中一般表现为两种形式：一种是行政主体在接到相对人的申请或依职权发现相对人的人身权或财产权需要获得保护的情形后，根本没有启动行政程序，属于完全的行政不作为。另一种形式是行政主体虽然启动了行政程序，但是在法定的或合理的期限内没有全部完成行政程序，属于不完全的行政不作为，也可以说拖延履行义务。例如在行政复议案件中，行政主体虽然接受了相对人的申请，也进行了必要的审核，但在法定的期限内既没有向相对人作出复议决定，也未向相对人告知不作出决定的理由。

本案中，某市财政局虽然对该投诉进行了立案调查，也要求原告补充了相关材料，但直至诉前仍未作任何实体上的处理或答复，已构成不履行法定职责。也就是该行政主体虽然启动了行政程序，但是在法定的或合理的期限内没有全部完成行政程序，属于不完全的行政不作为，亦即拖延履行义务。

综上所述，行政主体的行为必须同时符合上述四个构成要件，才能构成行政不作为。本案中的某市财政局的做法符合行政不作为的四个构成要件，所以该行政主体的做法已经构成了行政不作为。

案例分析44　人民法院在何种情形下会允许被告行政机关补充收集相关证据

案　例

朱某以全家7人的名义向某市土地管理局申请建房用地。某市土地管理局批给朱某市郊区某块面积为 130 ㎡的建房用地。其中，楼房建筑面积为 $87m^2$，庭院面积为 $43m^2$。同年，朱某一家建成三层楼住宅，总占用土地面积为 $271m^2$，超建面积 $141m^2$。对此，市土地管理局对朱某少批多建的违法行为作出行政处罚决定，决定拆除朱某超出审批面积部分的建筑。朱某认为，一家 7 人居住拥挤，并需要开设棉花工厂，超建一定面积情况属实。但是，拆除超出审批面积部分楼房的处罚显然太重，于是向市人民法院提起行政诉讼，请求撤销市土地管理局所作出的处罚决定。被告市土地管理局向法院提交了朱某的陈述、朱某的私人建房用地呈报表、现场勘验图、调查笔录等证据。但是，在庭审中朱某提出，在市土地管理局对其作出处罚之前，他曾因违反城市规划被市建设环境保护局处罚过，基于同样的违法事实土管局再次处罚了他，违反了一事不再罚的原则。对此，被告市土地管理局遂向人民法院申请补充收集与此相关的证据，人民法院准许被告在诉讼过程中补充相关证据。

【解析】

本案涉及行政诉讼过程中，被告补充收集相关证据的条件问题。

在行政处罚程序中，“先取证，后裁决”是行政机关作出具体行政行为时必须遵守的一项基本原则，即行政机关在作出最终的具体决定之前，必须通过调查手段取得足以作出具体行政决定的事实根据和充分的法律依据。我国《行政处罚法》第三十条规定：“公民、法人或者其他组织违反行政管理秩序的行为，依法应当给予行政处罚的，行政机关必须查明事实；违法事实不清的，不得给予行政处罚。”正因为取得充分确凿的证据是行政机关作出处罚决定的前提，所以在行政诉讼中由被告行政机关向人民法院提交已收集的证据证明其行为的合法性，既是可行的，也是必要的。而且，被告向人民法院提交的用以证明行政行为合法性的证据，必须是行政处罚决定作出以前收集的，否则就违背了“先取证，后裁决”的行政处罚基本程序规则。所以，在行政诉讼过程中，原则上不允许被告再补充收集相关证据，也不允许被告行政机关再次启动行政程序调查收集新的证据。对此，《行政诉讼法》第三十三条规定："在诉讼过程中，被告不得自行向原告和证人收集证据。"另外，《关于执行〈行政诉讼法〉若干问题的解释》第二十八条第（一）项规定，"被告在作出具体行政行为时已经收集证据，但因不可抗力等正当事由不能提供的"，被告行政机关经人民法院准许也可以补充相关证据，但以被告行政机关作出具体行政行为时已经收集的证据为限。这一规定再次表明，被告行政机关向人民法院提交的证据必须是在处罚决定前就已经收集的。

但是，在诉讼过程中被告行政机关不得收集证据只是一般的原则，当存在特殊的例外情况时，经过人民法院的审查允许后，被告行政机关可以收集新的证据以证明具体行政行为的合法性。《关于执行〈行政诉讼法〉若干问题的解释》第二十八条第（二）项规定："原告或者第三人在诉讼过程中，提出了其在被告实施行政行为过程中没有提出的反驳理由或者证据的"，经人民法院准许，被告可以补充相关的证据。之所以在此种情形下允许被告行政机关补充收集相关证据，原因在于行政管理相对人提出了在行政程序中没有提出的反驳理由与证据，而被告行政机关在行政程序中收集证据的范围与力度是受行政管理相对人提出的反驳理由与证据影响与制约的。行政管理相对人在诉讼中提出新的反驳理由与证据，就应当允许被告行政机关收集新的证据来证明其行为的合法性。其实，在行政法与行政诉讼法学原理上，在诉讼中不应当允许行政管理相对人提出在行政程序中没有提出的新的反驳理由与证据，否则的话，行政管理相对人都会在行政程序中不提出反驳理由与证据，却在行政诉讼过程中对被告行政机关突然袭击，这对被告行政机关作出合法行政行为的判断极为不利。因此，这种情况下，允许被告行政机关补充收集新证据的制度也就显得很有必要了。

本案中，朱某在庭审过程中提出了被告市土地管理局在作出行政处罚行为时没有提出的反驳理由，即朱某的违法行为已被城建局处罚过了，不能二次处罚同一违法行为。针对原告朱某在诉讼过程中提出的这一新理由，被告市土地管理局在作出处罚决定时不太可能事先预料到，所以人民法院依法准许被告土地管理局再次调查补充相关证据。这是合法的，也是合乎情理的。

第七章 行政赔偿

77. 什么是国家赔偿

国家赔偿，是指国家机关及其工作人员违法行使职权，侵犯公民、法人或者其他组织的合法权益并造成损害，由国家承担赔偿责任的制度。其主要目的是对合法权益遭受国家公权力侵害的公民、法人和其他组织给予救济。

《国家赔偿法》第二条规定："国家机关和国家机关工作人员行使职权，有本法规定的侵犯公民、法人和其他组织合法权益的情形，造成损害的，受害人有依照本法取得国家赔偿的权利。"国家赔偿主要有以下特点：第一，国家赔偿的责任主体是国家。也就是说，国家赔偿责任是由国家来承担的。由于国家机关和国家机关工作人员都是代表国家，以国家的名义实施行政管理活动，因此，该行为的结果最终属于国家。当涉及承担赔偿责任时，赔偿的主体应当是国家。第二，国家赔偿是由国家机关及其工作人员违法行使职权的行为所引起的。第三，国家赔偿的前提是公民、法人及其他组织的人身权或财产权遭受实际损害，且损害是由于国家机关及其国家工作人员的执行公务的行为所造成。赔偿是针对实际损害而言的，无损害就无所谓赔偿问题。所谓实际损害必须是指现实的实际存在的损害，而不是假定或臆想出来的可能造成的损害，且损害是由国家机关及其国家工作人员的职务行为引起。第四，国家赔偿的目的是对遭受损害的公民、法人和其他组织给予救济，具有很高的操作性，无论是国家赔偿的主体、赔偿范围，还是赔偿的相关程序，我国法律都有明确规定，受害人可以依法请求国家保障自身的权益。

78. 构成国家赔偿应符合哪些条件

根据《国家赔偿法》第二条第一款规定："国家机关和国家机关工作人员行使职权，有本法规定的侵犯公民、法人和其他组织合法权益的情形，造成损害的，受害人有依照本法取得国家赔偿的权利。"构成国家赔偿责任应当同时具备以下几个条件：

（1）造成损害的主体必须是执行职务的国家机关和国家机关工作人员。我国的国家机关包括有国家权力机关、审判机关、检察机关、行政机关和军事机关。其中国家权力机关和军事机关不涉及国家赔偿问题。

（2）造成损害的原因必须是国家机关和国家机关工作人员的执行职务的行为。国家机关和国家机关工作人员代表国家在执行职务的过程中，因其职务行为对公民、法人和其他组织造成损害的，应当承担赔偿责任。

（3）造成损害的事实必须是执行国家职务的国家机关和国家机关工作人员的职务行为对公民、法人和其他组织实际上造成了人身或财产的损害事实。存在损害事实是构成赔偿责任的要件之一，没有损害事实，就不存在赔偿的问题。这里所讲的损害必须是实际上的损害事实，不含间接损害。2010年新修订的《国家赔偿法》增加了关于精神损害赔偿的制度。修订后的《国家赔偿法》第三十五条规定："有本法第三条或者第十七条规定情形之一，致人精神损害的，应当在侵权行为影响的范围内，为受害人消除影响，恢复名誉，赔礼道歉；造成严重后果的，应当支付相应的精神损害抚慰金。"

（4）国家机关和国家机关工作人员执行职务的行为与公民、法人和其他组织所遭受的人身权、财产权的损害之间有一定的因果联系。公民、法人和其他组织所遭受的人身权、财产权的损害必须是国家机关和国家机关工作人员的执行职务的行为所造成的。

79. 国家不承担赔偿责任的情况有哪些

《国家赔偿法》第五条规定，属于下列情形之一的，国家不承担赔偿责任：

（1）行政机关工作人员与行使职权无关的个人行为。行政机关工作人员具有双重身份，对于工作人员职务行为所造成的损害，国家应当承担赔偿责任；对于那些与行使职权无关的个人行为造成的损害，国家不负赔偿责任。

（2）因公民、法人和其他组织自己的行为致使损害发生的。在行政机关或者其工作人员执行职务的过程中，出现公民、法人或其他组织遭受损害时，如果该损害是由于公民、法人和其他组织自己的行为致使发生的，国家不承担赔偿责任。

（3）法律规定的其他情形。即《国家赔偿法》以及其他法律规定的不需要国家承担赔偿责任的其他情形。

80. 什么是行政赔偿

行政赔偿是指国家对行政机关及其工作人员行使职权侵犯公民、法人和其他组织的合法权益所造成的损害依法进行的赔偿。

行政赔偿是国家赔偿责任的一种形式，与其他责任形式相比较，行政赔偿具有以下特征：

（1）行政赔偿的法律责任主体是行政主体，即行使行政权的行政机关及其工作人员或法律、法规授权的组织。只有以上行政主体违法行使国家行政职权，侵犯了行政相对人的合法权益造成损害的，才可以引起行政赔偿的发生。

（2）引起行政赔偿的行为必须是行政主体的职务行为。根据2010年新修订的《国家赔偿法》的规定，行政机关职务行为侵犯了公民合法的人身权与财产权都应该赔偿。

（3）必须出现了实际的损害结果。行政主体的职务行为只有在已经侵犯行政相对人的合法权益，并造成了实际损害的情况下，行政相对人才可以要求行政赔偿。另外，对于财产损失，也仅限于直接损失，不包括间接损失。

（4）行政赔偿的赔偿责任由国家承担。尽管行使行政职权的行政主体具体承担行政赔偿的法律责任，但是由于其是代表国家行使行政权的，因此无论其行为造成的损害是行政机关集体决定的，还是由行政机关工作人员执行公务中因个人过错引起的，都应该由国家予以赔偿，由国家财政支付。

81. 行政赔偿的程序有哪些

《国家赔偿法》第九条第二款规定：赔偿请求人要求赔偿应当先向赔偿义务机关提出，也可在申请复议和提起行政诉讼时一并提出。因此，我国行政赔偿分为两种途径：一种是单独就赔偿问题向行政机关和人民法院提出；另一种是在行政复议、行政诉讼中附带提出。由于后者适用行政复议法和行政诉讼法的程序，所以这里只涉及单独进行行政赔偿的程序。

（1）行政赔偿请求人和义务机关的确定。行政赔偿请求人是指因行政机关及其工作人员违法行使职权而遭受损害，依法请求国家予以赔偿的人，具体包括公民、法人和其他组织。

行政赔偿义务机关是指代表国家依法履行赔偿义务、接受赔偿请求、参加赔偿诉讼程序、支付赔偿费用的行政机关。

（2）行政赔偿请求的提出。根据《国家赔偿法》的规定，单独提出的行政赔偿案件实行行政先行处理原则，即在行政赔偿请求人向法院提起行政赔偿诉讼之前，应当先向行政赔偿义务机关要求赔偿，由行政机关依法先行处理。只有在行政赔偿义务机关不予受理、逾期不处理或者请求人对处理结果有异议时，赔偿请求人才可以寻求司法救济。行政赔偿请求人向赔偿义务机关要求赔偿的，应当提交赔偿请求书。

（3）行政赔偿请求的处理。行政赔偿义务机关收到申请书后，应当就赔偿申请是否符合条件进行审查，经审查符合条件的，必须在2个月内做出处理决定。逾期不赔偿或者请求人对赔偿数额有异议的，可以自期间届满之日起3个月内向人民法院提起诉讼。

（4）行政赔偿的诉讼。行政赔偿诉讼是一种特殊的诉讼，原则上适用《行政诉讼法》规定的程序。在起诉条件上，行政诉讼以行政先行处理为原则；在证据制度方面，它不完全采用“被告负举证责任原则”；在审理形式方面，它有别于行政诉讼，行政赔偿可以适用调解。

（5）行政赔偿的时效。行政赔偿的时效，即行政赔偿请求人行使赔偿请求权的有效期限。《国家赔偿法》规定行政赔偿的时效为两年，自国家机关及其工作人员行使职权时的行为被依法确认为违法之日起计算，但被羁押期间不计算在内。

82. 行政赔偿请求人应当具有怎样的条件

行政赔偿请求人是指在国家机关和国家机关工作人员的执行职务的违法行为中，其自身的合法权益遭受不法侵害，请求国家予以赔偿的公民、法人和其他组织。

行政赔偿请求人应当同时具备以下条件：第一，行政赔偿请求人必须是行政相对人。行政相对人是指在行政法律关系中与行政主体相对应的一方当事人，即合法权益受行政行为影响的公民、法人或其他组织。第二，行政赔偿请求人必须是其合法权益遭受违法行政行为侵害的公民、法人或其他组织。即受害人的合法权益在一定范围内发生了实际的损害，是直接的损害。第三，行政赔偿请求人认为其合法权益遭受不法侵害是与国家行政机关及其工作人员的违法行政行为存在因果联系，且是由其违法行为直接造成的，致害人才承担赔偿责任。

我国行政赔偿请求人主要有：第一，公民可以作为国家赔偿请求人。直接受到不法侵害的公民本人可以作为请求人，在特殊情况下，受到侵害的公民的监护人也可以代为请求，如父母；受害人的继承人和其他有扶养关系的亲属。第二，法人和其他组织可以作为国家赔偿请求人。直接受到不法侵害的法人和其他组织可以作为请求人；受害的法人或其他组织终止的话，承受其权利的法人或其他组织有权要求国家对其进行赔偿。

83. 如何确定行政赔偿义务机关

行政赔偿义务机关是指行政赔偿中，代替国家履行赔偿义务，支付赔偿费用，参加赔偿案件解决的行政机关或法律、法规授权的组织。

《国家赔偿法》对赔偿义务机关作了如下的规定：第一，行政机关及其工作人员行使行政职权侵犯公民、法人和其他组织的合法权益且造成损害的，该行政机关为赔偿义务机关。第二，两个以上行政机关共同行使行政职权时侵犯公民、法人和其他组织的合法权益且造成损害的，共同行使行政职权的行政机关为共同赔偿义务机关。第三，法律、法规授权的组织在行使授予的行政权力时侵犯公民、法人和其他组织的合法权益且造成损害的，被授权的组织为赔偿义务机关。第四，受行政机关委托的组织或者个人在行使受委托的行政权力时侵犯公民、法人和其他组织的合法权益且造成损害的，委托的行政机关为赔偿义务机关。第五，赔偿义务机关被撤销的，继续行使其职权的行政机关为赔偿义务机关；没有继续行使其职权的行政机关的，撤销该赔偿义务机关的行政机关为赔偿义务机关。第六，经复议机关复议，最初造成侵权行为的行政机关为赔偿义务机关，但复议机关的复议决定加重损害的，复议机关对加重的部分履行赔偿义务。

84. 对哪些侵犯人身自由权的行为可以请求行政赔偿

人身自由权是基本人权，不受非法限制和剥夺。我国宪法和刑法都对限制公民的人身自由加以严格限制。侵犯人身权是指行政机关及其工作人员在行使职权的过程中违法使用其职权，使得公民、法人或其他组织的人身权利遭受侵害的行为，主要包括以下几种：

（1）违法拘留或者违法采取限制公民人身自由的行政强制措施。行政机关违法拘留或者违法采取限制公民人身自由的行政强制措施造成损害的，国家应当依法予以赔偿。违法拘留是指依法拥有拘留决定权的行政机关违反法律规定实施拘留处罚。行政机关其他限制人身自由的行政强制措施有劳动教养、强制传唤、驱逐出境、强制隔离等。

（2）非法拘禁或者以其他方法非法剥夺公民人身自由。非法拘禁是指行政机关及其工作人员以拘禁或者其他强制方法非法地剥夺人身自由的行为。行政机关及其工作人员执行职务时，非法地对被害人身体实行强制拘禁，由此对受害人造成的损害可以请求行政赔偿。

（3）以殴打、虐待等行为或者唆使、放纵他人以殴打、虐待等行为造成公民身体伤害或者死亡的。行政机关工作人员自己或唆使他人以殴打等暴力手段造成公民、法人或其他组织身体伤害或死亡的后果，受害人可以请求行政赔偿。

（4）违法使用武器、警械造成公民身体伤害或者死亡。行政机关工作人员违反法律规定使用武器、警械故意或失误造成他人身体伤害或死亡的，国家应当承担赔偿责任。

（5）造成公民身体伤害或者死亡的其他违法行为。除上述四类行为外，行政机关及其工作人员行使职权时的其他行为造成公民身体伤害或者死亡的，国家也应当承担赔偿责任。

85. 对哪些侵犯财产权的行为可以请求行政赔偿

财产权包括公民、法人或其他组织对财产的占有、使用、收益和处分的权利。在我国，公民、法人或其他组织的财产权是受法律保护的。

侵犯财产权是指行政机关及其工作人员在行使职权的过程中违法使用其职权，使得公民、法人或其他组织的财产权遭受侵害的行为，主要包括以下几种：

（1）违法实施罚款、吊销许可证和执照、责令停产停业、没收财物等行政处罚。国家行政机关及其工作人员违法采取上述行政行为并造成相对人财产损害的，行政主体应承担赔偿责任。

（2）违法对财产采取查封、扣押、冻结等行政强制措施。行政强制措施是行政机关为了强迫相对人履行行政法义务或行政决定，或为了达到某种行政法目的而采取的各类强制性措施，如查封、扣押、冻结。上述强制措施均应依法使用，如因违法而对当事人财产造成损失，应承担行政赔偿责任。

(3) 违法征收、征用财产。行政机关及其工作人员违法征收、征用财产，并造成相对人财产损害的，行政主体应承担行政赔偿责任。

(4) 造成财产损害的其他违法行为。除上述三类行为外，行政机关及其工作人员行使职权时的其他行为造成公民、法人或其他组织财产损害的，国家也应当承担赔偿责任。

86. 行政赔偿请求人是否可以同时提出多项赔偿请求

由于行政赔偿是对行政相对人的人身自由权和财产权造成的损失进行赔偿，因此，根据国家赔偿法的规定，赔偿请求人可以根据受到的不同损害，同时提出数项赔偿要求。受害人同时提出数项赔偿要求，应当满足相应的条件：第一，不同的损害（如人身自由权或财产权）是由同一致害行为所造成的。第二，不同的损害是由同一行政机关的违法行为所造成的。第三，各个不同损害之间具有一定的关联性。

法律规定，行政赔偿请求人根据其自身受到的不同损害，可以同时提出数项赔偿要求，这说明，行政赔偿请求人是否提出数项赔偿要求，在一定程度上完全取决于其自身意愿。人民法院和赔偿义务机关对于请求人的赔偿要求的数量不能加以强迫，请求人拥有决定提出几项赔偿要求的权利，人民法院有决定裁判几项赔偿请求的权利。

87. 我国行政赔偿的方式有哪些

行政赔偿的方式是指国家赔偿义务机关向受害人履行国家赔偿义务时所采取的具体形式。《国家赔偿法》第三十二条规定：“国家赔偿以支付赔偿金为主要方式。能够返还财产或者恢复原状的，予以返还财产或者恢复原状。”根据这一规定得知，我国的国家赔偿主要是以支付赔偿金为主要形式，返还财产或恢复原状为补充。

支付赔偿金是指在计算受害人的损害程度之后，以支付货币的形式，给予受害人一定数额赔偿金的赔偿方式。赔偿金的支付一般以不能返还财产或者恢复原状为前提，例如侵犯公民人身自由权及生命健康权的；侵犯受害人的财产权，其财产已经灭失、拍卖，恢复原状、返还财产已不可能的；或者返还财产或者恢复原状与法律规范相抵触的。

对于能够返还财产或者恢复原状的，应当予以返还财产或者恢复原状。这是国家赔偿的补充形式。恢复原状是指负有赔偿义务的国家机关按照受害人的愿望和要求，将受害人的财产或者权利恢复到原来的状态。返还财产是指赔偿义务机关将因其侵权行为的侵害而脱离受害人控制的财产，予以归还，使受害人重新对该财产享有所有权。

88. 什么是行政赔偿诉讼

行政赔偿诉讼是指公民、法人或其他组织认为其合法权益遭受国家行政机关及其工作人员的违法行使职权的侵害，依法向人民法院提起诉讼，人民法院根据赔偿请求人的诉讼请求，依照法定程序，解决国家赔偿争议的活动。从上述定义上看，行政赔偿诉讼是一种特殊的行政诉讼，大多数的诉讼规则与普通行政诉讼相同，如公开审理、回避原则、合议原则等，但是该诉讼在审查内容上具有一定的特殊性。

行政赔偿诉讼相对于一般行政诉讼，具有如下特点：第一，起诉实行行政先行处理原则。行政赔偿请求人单独提起行政赔偿诉讼，必须先向赔偿义务机关提出赔偿请求。当事人只有在不服赔偿义务机关作出的处理决定或赔偿义务机关未在法律规定期限内作答的，才可以向人民法院提起行政赔偿诉讼。第二，适用法律范围较广。由于行政赔偿诉讼涉及行政法、民法、诉讼法等多种法律，因此，法院审理行政赔偿案件的时候，除适用《国家赔偿法》、《行政诉讼法》外，还应适用民事法律的规定。第三，行政赔偿诉讼适用调解原则。依照现行法律的规定，人民法院审理一般行政案件不适用调解原则，而行政赔偿诉讼主要涉及的是公民、法人或其他组织的合法权益受损的问题，可以适用调解。第四，举证制度的特殊性。行政赔偿诉讼中，原告负有证明损害事实存在和损害事实与被告的违法行政行为之间具有因果关系的责任。除此之外，原告还应当提供其自身符合人民法院受理案件要求的相关证明材料。

89. 提起行政赔偿诉讼应当具备哪些要件

提起行政赔偿诉讼应当具备以下条件：

（1）适格的当事人。行政赔偿诉讼的原告必须是认为其合法权益遭受国家行政机关及其工作人员的违法行为并造成损害的公民、法人或其他组织。作为原告的公民死亡，其继承人和其他有扶养关系的亲属有权要求行政赔偿作为原告的法人或者其他组织终止的，其权利承受人有权要求请求行政赔偿。

行政赔偿诉讼的被告必须是违法行使职权行为对公民、法人或其他组织造成损害的国家行政机关及其工作人员。

(2) 正当的起诉理由。提起行政赔偿诉讼的理由必须是认为其合法权益遭受国家行政机关及其工作人员的违法行使职权的不法侵害，并造成实际损失。只要原告认为是其国家行政机关及其工作人员的行政行为造成的损失即可起诉，至于该行为是否真的造成原告损害，由人民法院最终确定。

(3) 有明确、具体的诉讼请求和事实根据。原告提起行政赔偿诉讼，应当有明确具体的诉讼请求，即原告对被告请求进行赔偿的权利主张，以及对人民法院审判的要求。原告提起行政赔偿诉讼必须是针对法律、法规规定属于法院受案范围内及属于受诉法院管辖的案件。

(4) 法定起诉期限内起诉。原告认为其合法权益遭受国家行政机关及其工作人员的违法行使职权的侵害并造成实际损失，依法向人民法院提起行政赔偿诉讼应当在法律规定的时效内进行。赔偿请求人请求国家赔偿的时效为两年，自其知道或者应当知道国家机关及其工作人员行使职权时的行为侵犯其人身权、财产权之日起计算，但被羁押等限制人身自由期间不计算在内。

90. 单独提起行政赔偿，赔偿义务机关为何要先行处理

《国家赔偿法》第九条规定，赔偿请求人要求赔偿，应当先向赔偿义务机关提出，也可以在申请行政复议或者提起行政诉讼时一并提出。也就是说，赔偿请求人单独提出赔偿请求，首先必须经过先行处理程序。先行处理程序是我国行政赔偿诉讼程序的前置程序，它要求行政赔偿请求人向人民法院提起行政赔偿诉讼前，必须先向赔偿义务机关提出赔偿请求。当事人只有在不服赔偿义务机关作出的处理决定或赔偿义务机关未在法律规定期限内作答的，才可以向人民法院提起行政赔偿诉讼。我国《行政诉讼法》第六十七条也有相应的规定：公民、法人或其他组织单独就损害赔偿提出请求，应当由行政机关解决。对行政机关的处理不服，可以向人民法院提起诉讼。

适用行政先行处理原则，主要是考虑到行政机关对该案所涉及的内容及法律规定比较熟悉，有利于迅速解决赔偿争议；实行行政先行处理原则，会使相当一部分的行政纠纷化解在行政机关内部，减少了行政案件对

人民法院的压力，提高法院的工作效率。

91. 赔偿请求人不服行政赔偿诉讼判决结果，应当如何救济

我国行政赔偿诉讼适用两审终审制，因此，行政赔偿请求人对于人民法院所作出的一审行政赔偿诉讼判决结果不服的，可以提起上诉，要求上一级人民法院对判决尚未生效的案件进行重新审理。上诉，是指行政赔偿请求人对人民法院所作的尚未发生法律效力的一审行政赔偿不服，在法定期限内，提请上一级人民法院重新审判的活动。

行政赔偿请求人认为人民法院作出的已经发生法律效力的行政赔偿诉讼判决确有错误，可以通过申诉的方式要求启动审判监督程序予以纠正，也可以提请人民检察院抗诉。申诉，是指行政赔偿请求人认为人民法院作出的已经发生法律效力的行政赔偿诉讼判决确有错误，要求人民法院重新审理的活动。上诉是针对尚未发生法律效力的一审判决，申诉针对已经发生法律效力的判决。行政赔偿请求人提出申诉时，判决不停止执行。

案例分析 45　名誉权受侵害能获得行政赔偿吗

案　例

有一次赵某从外出差回来时买回一台收音机，给儿子学习外语用。就在赵某刚从外地买回收音机的第二天，邻居王某家刚买的收音机被盗。王某看到赵某儿子的收音机与他被盗的收音机一模一样，问赵某的儿子是从哪里来的，赵某之子说是他爸给他的。王某怀疑他的收音机是被赵某偷的，所以到派出所报案。派出所工作人员将赵某带回派出所讯问，在赵某无法提供购买收音机发票的情况下，派出所认定赵某偷了王某的收音机，并对赵某作出罚款 50 元的行政处罚决定。赵某不服，向人民法院提起行政诉讼。人民法院经过审查，以主要证据不足为由撤销了派出所的罚款决定，并责令派出所返还赵某 50 元人民币。赵某越想越气，认为派出所认定自己偷盗邻居收音机的违法行为严重地影响了他的良好声誉，想请求赔偿精神损失费 500 元。

【解析】

本案涉及行政赔偿的范围问题，即名誉权受侵害能否获得行政赔偿。

行政赔偿的范围可以从两个方面理解：一是引起行政赔偿的原因行为的范围，即哪些行为引起的损害可以请求赔偿；二是赔偿义务机关应当赔偿的损害范围，即哪些权益损害可以获得赔偿。《国家赔偿法》第三条、第四条同时从上述两个角度规定了行政赔偿的范围。本案所涉及的名誉权受损害是否属于赔偿范围，是在第二种意义上来理解的，即哪些受损害的权益可以获得赔偿。

依据我国《国家赔偿法》的规定，行政机关及其行政机关的工作人员违法行使职权，侵害公民、法人或者其他组织的合法权益并造成损害的，公民、法人或者其他组织依法可以取得行政赔偿。但是，公民、法人或者其他组织可以获取赔偿的合法权益的范围是有限的，并不是任何权益受侵犯都可以取得行政赔偿。《国家赔偿法》第三十条规定："赔偿义务机关对依法确认有本法第三条第（一）、（二）项，第十五条第（一）、（二）、（三）项情形之一，并造成受害人名誉权、荣誉权受到损害的，应当在侵权行为影响的范围内，为受害人消除影响、恢复名誉、赔礼道歉。"

《国家赔偿法》第三条规定："行政机关及其工作人员在行使行政职权时有下列侵犯人身权情形之一的，受害人有取得赔偿的权利：（一）违法拘留或者违法采取限制公民人身自由的行政强制措施的；（二）非法拘禁或者以其他方法非法剥夺公民人身自由的；（三）以殴打等暴力行为或者唆使他人以殴打等暴力行为造成公民身体伤害或者死亡的；（四）违法使用武器、警械造成公民身体伤害或者死亡的；（五）造成公民身体伤害或者死亡的其他违法行为。"

《国家赔偿法》第十五条规定："行使侦查、检察、审判、监狱管理职权的机关及其工作人员在行使职权时有下列侵犯人身权情形之一的，受害人有取得赔偿的权利：（一）对没有犯罪事实或者没有事实证明有犯罪重大嫌疑的人错误拘留的；（二）对没有犯罪事实的人错误逮捕的；（三）依照审判监督程序再审改判无罪，原判刑罚已经执行的；（四）刑讯逼供或者以殴打等暴力行为或者唆使他人以殴打等暴力行为造成公民身体伤害或者死亡的；（五）违法使用武器、警械造成公民身体伤害或者死亡的。"

之所以这样规定，是因为国家机关和国家机关工作人员对违法公民所进行的拘留、拘禁、逮捕、定罪以及所采取的其他限制、剥夺公民人身自由的措施，对公民造成严重的侵害和极大的精神损害之外，同时还严重地侵犯公民名誉。其余侵犯公民名誉的情况，不属于可以获取行政赔偿的权益损害范围。

本案中，虽然赵某的名誉权因为派出所的违法处罚行为而受到侵害或影响，但是并不在《国家赔偿法》规定的可以取得行政赔偿的范围之内，所以赵某请求行政赔偿500元精神损失费，于法无据，即使提起行政赔偿诉讼，人民法院也不会支持。

案例分析46　行政管理相对人为什么不能单独直接向人民法院提起行政赔偿诉讼

案　例

某公安局在处理一起卖淫嫖娼案件中，从卖淫女吴某口中得知，其卖淫对象都是由朱某介绍的。随后，公安局以介绍卖淫并收取回扣为由对朱某限制人身自由10天，并罚款1000元。朱某不服县公安局的处罚决定，向市公安局提起行政复议，复议机关维持原具体行政行为。朱某向人民法院提起行政诉讼，后因证据不足一审法院撤销了县公安局行政处罚。随后，朱某向人民法院提起行政赔偿诉讼，要求返还罚款1000元，并赔偿限制其人身自由10天的损失300元。人民法院拒绝受理朱某的行政赔偿诉讼，告诉他应先向赔偿义务机关县公安局提出行政赔偿请求，不服公安局的行政赔偿决定的，再向人民法院提起行政诉讼。

【解析】

本案涉及单独的行政赔偿诉讼的程序问题。

行政赔偿程序，是指行政赔偿请求人向行政赔偿义务机关请求赔偿，行政赔偿义务机关给予赔偿以及通过人民法院解决行政赔偿纠纷的步骤、时限及方式的总和。具体到本案，所谓的行政赔偿程序问题，就是行政赔偿请求在具体行政行为的违法性得到确认以后，行政管理相对人是可以单独直接向人民法院提起赔偿诉讼，还是须先向赔偿义务机关请求赔偿。

本案中，朱某在提起行政诉讼时没有一并提出行政赔偿请求，而是在人民法院撤销原处罚决定之后才单独直接提起行政赔偿诉讼。关于行政赔偿诉讼的程序，《行政诉讼法》第六十七条第二款规定："公民、法人或者其他组织单独就损害赔偿提出请求，应当先由行政机关解决。"行政诉讼法规定的"应当先由行政机关解决"，就是先由行政赔偿义务机关解决赔偿与否以及赔偿数额问题。另外，《国家赔偿法》第九条第二款规定："赔偿请求人要求赔偿，应当先向赔偿义务机关提出，也可以在申请行政复议和提起行政诉讼时一并提出。”这条规定就是行政赔偿的先行处理程序。应当说，行政赔偿的先行处理程序，有利于迅速解决赔偿纠纷，减轻人民法院的负担，同时也有利于强化行政机关的内部监督。由此可见，朱某单独提出行政赔偿请求，应先向行政赔偿义务机关提出，行政赔偿义务机关拒绝赔偿或者赔偿数额不足的，才能向人民法院单独提起行政赔偿诉讼，而不能直接向法院单独提起行政赔偿诉讼。

案例分析 47　在行政赔偿中，应当以什么标准计算违法吊销许可证和执照、责令停产停业造成的损害赔偿数额

案　例

工商机关工作人员郑某与李某到赵某经营的餐馆吃饭，对餐馆服务员的服务态度极为不满，在吃完饭结账时，他们要求打折计算，被赵某拒绝。第二天，郑某与李某又来到赵某的餐馆，在检查了整个餐馆的经营状况之后，郑某和李某认定赵某超范围经营，并当场决定吊销赵某的营业执照。赵某不服向人民法院提起行政诉讼，一审法院判决撤销工商机关的行政处罚。在法定期限内，工商机关没有提出上诉。随后，工商机关归还了赵某的营业执照，赵某的餐馆又恢复了营业。但是，由于工商机关吊销营业执照的处罚，致使赵某的餐馆停业 1 个月。赵某以 1 个月 30 天，每天餐馆可以挣 300 元计算，要求工商机关赔偿损失 9000 元。

【解析】

本案涉及吊销营业执照所引起的行政赔偿的计算标准问题。

行政机关和行政机关工作人员违法行使职权侵犯公民、法人或者其他组织的合法权益的，受害人有权要求行政赔偿。如何赔偿受害人的损害，应当有一定的标准，这个标准就是行政赔偿的计算标准。行政赔偿的计算标准是国家赔偿法所确立的根据损害程度确定赔偿金额的依据，是行政赔偿得以实现、受害人的损害得以弥补的基础。行政赔偿标准，受到一个国家财政实力的限制，所以往往不如民法上的赔偿标准高。

关于行政赔偿标准问题，我国《国家赔偿法》明文规定了侵犯人身权与财产权的赔偿标准，并分别列举了几种侵犯人身权或财产权案件计算赔偿数额的方法。关于由于违法吊销许可证、执照、责令停产停业造成损害的赔偿数额计算，《国家赔偿法》第三十六条第六项规定：“吊销许可证和

执照、责令停产停业的，赔偿停产停业期间必要的经常性费用开支。”许可证、执照是公民、法人和其他组织从事生产经营活动的法律凭证。行政机关及其工作人员违法吊销许可证和执照、责令停产停业的，必然会使得特定的公民、法人或者其他组织无法从事正常的经营活动，由此必然造成可能的利润损失。利润损失是否可以获得赔偿呢？从《国家赔偿法》第三十六条的规定来看，被违法吊销许可证和执照、责令停产停业的只有停产停业期间的经常性费用开支可以获得赔偿。所谓经常性费用开支，是指受害人在停产停业期间用于维持企业正常运转的基本开支，如水电费、仓储保管费、职工的基本工资等。那么，为什么利润损失不能获得行政赔偿呢？原因大致有二：一是利润损失仅仅是一种可能获得的利益损失，这种可能的利润损失是无法或者说不容易计算其准确数额的；二是受国家财政实力的约束，我国行政赔偿以抚慰受害人为目的而不是赔偿受害人的全部损失，所以行政赔偿的数额肯定比受害人的全部损害要小。

本案中，营业执照是赵某进行餐馆经营活动的法律凭证，工商机关工作人员李某和郑某违法吊销营业执照的职务行为侵害了赵某的合法权益并造成了损害，所以工商机关依法应当承担赔偿责任。依据《国家赔偿法》第三十六条第六项的规定，只能请求赔偿由于吊销许可证造成停业期间必要的经常性费用开支。经常性费用开支是指被吊销营业执照、责令停产停业后，维持营业场所的继续存在所需要的费用支出，不包括停产停业期间可能获得的利润损失，即行政赔偿义务机关不会赔偿受害人可能获得的利润。尽管工商机关吊销营业执照的处罚，致使赵某的餐馆停业 1 个月，而且赵某的餐馆每天可能获利润 300 元，总共的利润损失有 9000 元，但是要求工商机关赔偿 9000 元的利润损失于法无据，也得不到人民法院的支持。

案例分析 48　李某的诉讼请求是否应该支持

案　例

李某带着3个家传花瓶坐火车到北京，欲找专家鉴定其价值。在火车上铁路公安人员以倒卖文物为名，将花瓶予以扣押。李某当天被放，但只被退还两个花瓶。另一花瓶被不慎摔碎，且无法追回。李某遂提起行政诉讼，请求判决公安机关处罚违法并请求行政赔偿 10 万元。

【解析】

本案涉及行政赔偿的范围问题。

《国家赔偿法》第二十八条，对赔偿义务机关因侵犯公民、法人和其他组织的财产权造成损害的赔偿标准进行了规定，其中第（四）项规定，应当返还的财产灭失的，给付相应的赔偿金；第（五）项规定，财产已经拍卖的，给付拍卖所得的价款。笔者认为，第（四）项中的“相应的赔偿金”应是灭失财产所值的价款；第（五）项中“拍卖所得的价款”，应理解为是依照法定程序进行的拍卖所得的价款，或者经合法评估机关依法评估后变卖的价款，未经合法拍卖或合法评估而出卖所得的价款，不能作为认定赔偿金的标准。

本案中，被告公安机关并未经合法拍卖，也未对该花瓶的价值进行合法评估，之后将花瓶摔碎造成财产灭失，依法应给付相应的赔偿金。依照《关于执行〈行政诉讼法〉若干问题的解释》第二十七条规定，在一并提起的行政赔偿诉讼中，原告应对因受被诉行为侵害而造成损失的事实承担举证责任。本案中原告李某在提起行政诉讼中一并提起行政赔偿请求，对因受被诉行为侵害而造成损失的数额本应由原告李某举证证明。但本案李某是在准备找专家对花瓶价值进行鉴定的途中被公安机关扣押，造成举证不能。根据公平原则，再让原告承担举证责任已不合适，应将此举证责任转移给被告公安机关，被告若也无法举证，则应支持原告要求赔偿10万元的主张。

案例分析49　什么情况下能够请求精神损害赔偿

案　例

2000年11月28日，原告张某到四川省芦山县某镇吕春坝购买生猪返回时，在苗圃外公路上被被告四川省芦山县某镇人民政府的收税人员挡住，要求原告交纳生猪税，双方因交纳数额发生争执，原告被被告请的收税人员打伤。原告受伤后，被送到芦山县人民医院治疗，2001年2月22日出院。原告的伤情经四川省华西医科大学法医学技术鉴定中心鉴定为轻微伤。原告在住院期间的医疗费和鉴定费3100元已由被告支付。随后，原告多次找被告赔偿损失，双方对赔偿数额未达成一致意见，原告向法院提起诉讼。原告认为被告不依法收税，并打伤了原告，责任在被告，故要求被告除已支付的3100元外，还应赔偿原告治疗费、护理费、误工费等5917元，精神损失费3000元，合计8917元。被告则辩解，其收税是合法的，原告拒不交税，责任在原告。被告已承担了原告的全部医疗和鉴定费用，而精神损失也不属于赔偿范围，因此，被告不应再承担赔偿责任，请求法院驳回原告的诉讼请求。

【解析】

本案涉及行政赔偿能否请求精神损害赔偿问题。

本案原告认为被告侵犯了他的人身健康权，并给他及其家人造成了精神痛苦，请求被告除赔偿医疗费、误工费、护理费外，还应赔偿精神损害费。作为本案的被告芦山县某镇人民政府是国家的行政机关，其在执行收税职能时，行使行政管理职权，原告是行政相对人，双方在本案中地位不是平等主体之间的关系。被告在执行收税职能时，侵犯了原告的身体，给原告造成了损失。按照《国家赔偿法》规定，行政机关及其工作人员在行使职权时，以殴打等暴力行为造成公民伤害的，受害人有取得赔偿的权利。因此，被告应赔偿原告的医疗费、误工费、护理费等。本案发生之时，《国家赔偿法》对行政机关造成公民人身损害和名誉损害的赔偿方式和计算标准只有医疗费、误工费、护理费以及消除影响，恢复名誉，赔礼道歉，却没有精神损害赔偿的方式和计算标准。故精神损害赔偿不属于行政赔偿的范围，不属于《国家赔偿法》调整的范围。因此，对原告在行政诉讼中主张的精神赔偿无法律依据，应不予支持。

但是，2010年12月1日起施行的修订后的《国家赔偿法》对精神损害赔偿问题作出了规定，即当国家机关及其工作人员行使职权时，侵犯公民人身权利，具备《国家赔偿法》第三条和第十九条所规定的情形，应当在侵权行为影响的范围内，为受害人消除影响，恢复名誉，赔礼道歉。如造成严重后果的，应当支付相应的精神损害抚慰金。所以，如果该案发生在《国家赔偿法》修订之后，则有权要求精神损害赔偿。

第八章　行政责任与行政监督

92. 什么是行政违法

行政违法有广义与狭义之分，狭义的行政违法仅指行政主体的违法，广义的行政违法还包括行政相对人违法。以下仅讲狭义的行政主体的违法，它是指行政法律关系主体违反行政法律规范，侵害受法律保护的行政关系，对社会造成一定程度的危害，尚未构成犯罪的行为。

与民事违法、刑事违法和违纪行为等相比较，行政违法具有如下特征：第一，违法的主体是行政主体及其行政工作人员。具体包括行政机关和法律、法规授权的组织及其行政工作人员。第二，行政违法是违反行政法律规范，侵害法律保护的行政关系的行为。就是说，行政违法既不是违反民事法律规范，也不是违反刑事法律规范，而是违反行政法律规范，从而侵害了行政法律规范所调整和保护的行政关系。违反行政法律规范不仅包括对具体行政法律规范的违反，也包括对行政法律原则、价值和精神的违反。第三，行政违法是一种尚未构成犯罪的行为。行政违法属于一般违法行为，其社会的危害性较小，尚未构成犯罪。第四，行政违法的法律后果是承担行政责任。任何违法行为都应当受到相应的法律制裁，都应当承担相应的法律责任，行政违法主体所承担的法律责任，既不是民事责任，也不是刑事责任，而是行政责任。行政责任是行政违法行为的法律后果。

93. 行政违法的构成要件是什么

行政违法的构成要件，是指行政法律规范所规定的，构成行政违法所必须具备的条件。它对于正确认识行政违法行为具有重要的意义，具体包括以下三个方面：

（1）主体要件。违法的主体是行政机关和法律、法规授权的组织及其行政工作人员。

（2）主观要件。行政违法的主观要件是指行政违法主体主观上有过错，包括故意和过失。故意是指明知自己行为的社会危害性而希望或放任其发生的主观心理状态。凡故意违反行政法律规范的，都应当依法承担行政责任。过失是指应当预见自己行为的社会危害性，由于疏忽大意没有预见或虽然预见但轻信能够避免的主观心理状态。过失违反行政法律规范，并且造成危害后果的，也应当依法承担行政责任。故意和过失是行政违法主体承担行政责任的主观要件。所以，如果行为在客观上违反了行政法律规范，但不是出于故意和过失，而是不可抗拒或不能预见的原因引起的，不能认为是行政违法而追究行政责任。

（3）客观要件。行政违法的客观要件是指构成行政违法的客观事实情况。包括行为及其后果等。行为是行政违法客观要件最重要的内容。行为包括积极的作为和消极的不作为。作为行政违法客观要件的行为必须具有一定社会危害性。当然，行为具有社会危害性并不意味着必须产生一定的危害结果，危害结果只是某些行政违法（过失违法）必须具备的要件。在某些情况下，行政违法的确定并不取决于其是否具有直接的危害结果，而只要有违反行政法律规范的过错行为就足够了。

94. 行政违法有哪些类别

对于行政违法，可以从不同角度作不同的分类。因为不同的分类有不同的意义，不同类型的行政违法适用不同的法律规则。

（1）根据违法的程度，行政违法可以分为实质性行政违法和形式性行政违法。前者是指不具备行政行为实质要件的行政违法，如主体不合格、内容不合法、超越职权、滥用职权等；后者则是不具备行政行为形式要件的行政违法，如行为的作出不符合法定程序、行为的表现形式不符合法律规定的要求等。

（2）根据违法的范围，行政违法可以分为内部行政违法与外部行政违法。前者是指内部行政主体的行政违法，如上级行政机关对下级行政机关的越级指挥；后者则指外部行政主体的行政违法，如公安机关非法拘留公民。

内部行政违法与外部行政违法在救济手段上是有区别的：内部违法仅限于行政救济，不受司法审查；而外部违法不仅可借助于行政救济，还可借助于司法救济。

（3）根据违法的形式，行政违法可以分为作为行政违法与不作为行政违法。前者表现为积极地作出行政法律规范所禁止的行为，如财政机关违法收费；后者则表现为拒不作出行政法规范所要求的行为，如工商机关对企业申请营业执照不予答复。

作为违法与不作为违法均是行政法律的规范对象。就行政诉讼而言，作为违法可以成为行政诉讼的对象，不作为违法同样可以成为行政诉讼的对象。

95. 什么是行政责任

行政责任也有广义与狭义之分，狭义的行政责任仅指行政主体的承担的行政责任，广义的行政责任还包括行政相对人承担的行政责任。以下仅讲狭义的行政责任，它是指行政法律关系主体由于违反行政法律规范或不履行行政法律义务而依法应承担的行政法律后果。

行政责任主要有以下特征：第一，行政责任的主体是行政主体及其行政工作人员。具体包括行政机关和法律、法规授权的组织及其行政工作人员。第二，行政责任是基于行政法律关系而发生的。行政责任是行政主体不履行法定职责和义务所引起的法律后果，它是以行政法律义务为基础的。没有行政法律义务，也就没有行政责任。第三，行政责任是一种法律责任。行政责任是以行政法律规范所规定的职责和义务为基础的，行政法律规范所规定的责任和义务的方式与内容，是追究行政责任的根据。它是一种行政法确立的、违反行政法律规范而应承担的法律责任。第四，行政责任在程度上来讲，既不同于刑事责任那样偏重于惩罚性，也不同于民事责任那样偏重于补救性，而是两种性质兼有，而且在程度上其轻于刑事责任。第五，追究行政责任的机关具有多样性。如权力机关、司法机关、上级行政机关、行政复议机关、监察机关等。

96. 行政责任的承担方式是什么

行政责任是指行政法律关系主体由于违反行政法律规范或不履行行政法律义务而依法应承担的行政法律后果，主要表现为行政主体承担的行政责任和行政工作人员承担的行政责任两个方面。

(1) 行政主体承担行政责任的方式。第一，通报批评。通过名誉上的惩罚，起到一种警戒的作用，以促使其以后不再实施违法行为。第二，赔礼道歉、承认错误。这是行政主体所承担的一种最轻微的补救性行政责任。行政主体作出违法或不正当行为，损害相对人的合法权益时，必须向对方赔礼道歉、承认错误，使受害者在精神上得到安慰，表明行政主体对自己违法行为的否定和反省。第三，恢复名誉、消除影响。这是一种精神上的补救性行政责任。当行政主体的行政违法行为造成行政相对人名誉上的损害、产生不良影响时，要以恢复名誉、消除影响的责任形式为对方进行精神上的补救。第四，返还权益。权益，包括财产权益和政治权益。当行政主体违法剥夺行政相对人的合法权益时，其承担的法律责任通常是返还权益。第五，恢复原状。当行政主体的行政违法行为给行政相对人的财产带来改变其原有状态的损害时，行政主体要承担恢复原状的补救性法律责任。第六，停止违法行为。这是行为上的惩戒性行政责任。如果违法行为处于持续状态，法律责任的追究机关有权责令行政主体停止该违法行为。第七，责令履行职务。这是针对行政主体不履行或拖延履行职务而确立的一种行政责任方式。第八，撤销违法的行政行为。对于行政主体的违法行为，行政主体自己或有权机关应予以撤销，行政主体要承担违法行为被撤销后的法律后果。第九，纠正不当的行政行为。纠正不当是对行政主体裁量权进行控制的行政责任方式。行政机关对滥用自由裁量权的不当行政行为要负法律责任。第十，行政赔偿。属于一种财产上补救性的违法行政责任。行政主体的违法行为造成行政相对人人身损害，应依法赔偿损失；造成财产损害的，如不能返还财产和恢复原状的，也应依法赔偿损失。

（2）行政工作人员承担行政责任的具体方式。第一，赔偿损失。指行政工作人员代表行政主体行使职权时侵害了行政相对人的合法权益，行政主体在代表国家对行政相对人赔偿损失后，依法要求有故意或过失的工作人员承担其部分或全部赔偿费用。第二，行政处分。这是公务员承担违法行政责任的主要形式，一种内部责任形式，有警告、记过、记大过、撤职、开除等形式。第三，其他责任形式。如通报批评、责令检讨、赔礼道歉等。

97. 什么是行政监督

行政监督有狭义和广义之分。狭义的行政监督是指行政机关内部上下级之间，以及专设的行政监察、审计机关对行政机关及其公务人员的监督。广义的行政监督泛指执政党、国家权力机关、司法机关和人民群众等多种社会力量对国家行政机关及其公务人员的监督。

（1）执政党的监督。执政党对国家行政管理工作的领导和监督的方式有五个方面：第一，通过制定正确的路线、方针、政策来实现党对国家行政管理工作的领导和监督。第二，通过党的各级组织对各级政府及其部门具体实施党的路线、方针、政策和国家的法律、法令的过程实行监督。第三，通过推荐优秀党员干部担任政府重要职务来实现党对政府工作的领导和监督。第四，通过宣传教育和思想政治工作等手段来实现党对政府公职人员的领导和监督。第五，通过党的各级纪律检查委员会审查和处理党员领导干部违反党纪政纪的行为实行监督。

(2) 国家权力机关的监督。国家权力机关监督政府的方式和内容主要有以下八个方面：听取和审议政府工作报告；审查和批准国民经济计划和财政预算、决算；审查政府的法规、决定和命令；质询和询问；视察和检查；提出建议、批评和意见；受理申诉和检举；罢黜职务。

(3) 司法监督。司法监督包括：人民检察院的监督、审判机关的监督两类。检察院对国家行政机关和国家公务人员实行监督的范围是：法纪检查；经济检查；侦查监督。审判机关监督的方式和种类有：通过行政诉讼进行的监督；通过国家赔偿诉讼进行的监督；通过刑事诉讼进行的监督。

(4) 行政机关的内部监督。行政监察机关为行使监察职能，履行下列职责：检查国家行政机关在遵守和执行法律、法规和人民政府的决定、命令中的问题；受理对国家行政机关、国家公务员和国家行政机关任命的其他人员违反行政纪律行为的控告、检举；调查处理国家行政机关、国家公务员和国家行政机关任命的其他人员违反行政纪律的行为；受理国家公务员和国家行政机关任命的其他人员不服主管行政机关给予行政处分的申诉，以及法律、行政法规规定的其他由监察机关受理的申诉；法律、行政法规规定的由监察机关履行的其他职责。审计机关主要从经济角度对国家行政机关进行监督。

(5) 公民监督。公民对行政机关及其工作人员的监督，主要包括：批评和建议；控告；检举和举报；申诉；信访。

(6) 社会舆论监督。舆论监督的主要形式有：新闻舆论监督；公众舆论监督。

98. 如何理解行政监察

行政监察是指国家各级行政监察机关依法对国家行政机关、国家公务员和国家行政机关任命的其他人员执行国家行政法律、法规、政策和决定、命令的情况进行监督，并对违法、违纪行为予以查处的专门性监督活动。

行政监察是专门行政监督的一种主要类型，具有如下主要特点：第一，行政监察的主体是县级以上各级人民政府内专门设立的行政监察机关及其向政府所属部门派出的监察机构。第二，行政监察的对象是遍及各领域、各部门的国家行政机关、国家公务员和国家行政机关任命的其他工作人员。第三，行政监察的主要任务是通过查处国家行政系统内发生的违法、违纪案件，从而保障国家法律、政策和命令的畅通。第四，行政监督主要是一种事后监督。

99. 行政监察机关有哪些权力

行政监察机关作为国家重要机关之一，具有对国家行政机关、国家公务员和国家行政机关任命的其他人员执行国家行政法律、法规、政策和决定、命令的情况进行监督的权力，具体有以下几个方面：

（1）调查权。即国家行政监察机关依法对被监察对象违反行政纪律的行为进行调查的权力。

（2）检查权。即行政监察机关对国家行政机关及其工作人员遵守和执行国家法律、法规、政策以及决定、命令的情况进行检查的权力。

（3）请求协助权。即行政监察机关在办理行政违法、违纪案件中，根据需要，可以提请公安、工商、税务、海关等行政机关予以协助的权力。

（4）列席有关会议权。即行政监察机关的领导人可以列席本级人民政府的有关会议，监察人员可以列席被监察部门与监察事项有关的会议。

（5）监察建议权。即国家行政监察机关在对被监察对象的有关行政行为进行检查、调查的基础上，针对监察事项所涉及的问题，向监察对象或者其主管部门提出具有一定法律效力的建议的权力。

（6）监察决定权。即行政监察机关根据检查、调查的结果，遇有下列情形之一的，可以在其权限范围内作出以下监察决定：违反行政纪律，依法应当给予警告、记过、记大过、降级、撤职、开除行政处分；违反行政纪律取得的财物，依法应当没收、追缴或者责令退赔。

（7）受理控告、检举及申诉权。即国家行政监察机关有权受理公民、法人或其他组织对国家行政机关的违法、违规以及不当行政行为的控告、检举和申诉。

100. 如何理解公民监督

公民对国家机关和国家工作人员提出批评、建议、申诉、控告或者检举，是宪法赋予公民的监督权利。在我国，公民通过检举、控告参与反腐败的渠道是畅通的。政府设有专门的信访机构，受理公民提出的检举控告和意见建议。中国共产党各级纪律检查机关、国家检察机关、政府监察机关和审计机关等都建立了举报制度，开通了举报电话，设立了举报网站，受理公民的检举和控告。对受理的举报线索，相关部门依法依纪进行调查或转送有关部门处理。在鼓励公民举报腐败案件的同时，国家重视维护举报人的合法权益。我国的《中华人民共和国刑法》、《中华人民共和国刑事诉讼法》、《中华人民共和国行政监察法》（以下简称《行政监察法》）等法律法规和中国共产党党纪都对保护举报人作了明确规定，对举报人的有关情况予以保密，严禁泄露举报人身份或者将举报材料、举报人情况透露给被举报单位、被举报人，对打击报复举报人的行为进行惩处。

案例分析 50　省人大代表对省环保局作出的行政行为能否提出质询

案　例

1999 年，某省人大代表钟某等发现：某市工业园内电镀城的数家电镀厂，向附近一条大河的支流直接排放含氰化物和六价铬等有毒物质的重金属废水，严重影响下游数百万人口的饮用水安全，威胁其健康和生存。而且该电镀城在环境评估报告尚未出台之前，就私下让 18 家电镀厂进驻建设，严重违反了国务院《建设项目环境保护管理条例》关于先评价后建设的规定。钟某等代表于 1999 年 9 月向省人大提交建议，要求省政府责成某市在工业园内禁止建设电镀厂等有严重污染的企业项目。之后，省环保局在仅去某市初步调查，但未征询有关方面意见的情况下，于当年 12 月 6 日答复人大代表说已经责令电镀城停工了。然而当年的年末，代表们发现，该电镀城不仅没有停工，而且有 8 家电镀厂已经投产。代表们认为，省环保局没有好好地跟踪落实是否停工，实质上是失职。于是，在 2000 年 3 月召开的省九届人大三次会议上，25 名代表联名对省环保局提出了质询。在质询当天，省环保局有关负责人面对 25 名代表及他们提出的电镀城的违规、选址等问题回答得马马虎虎。对此，代表当即表示不满意环保局的答复。面对代表的不满，环保局仍然未拿出进一步措施，于是，代表们于闭会前一天再次联名要求撤换省环保局一位副厅级官员。

【解析】

本案涉及人大监督权问题。

人大及其常委会的监督权，是宪法、地方各级人民代表大会和地方各级人民政府组织法赋予人大及其常委会的一项重要职权，它是指各级人大及其常委会监督国家法律的遵守和执行，监督本级人民政府、人民法院、人民检察院及其工作人员的权力。根据宪法规定，中华人民共和国的一切权力属于人民。人民行使国家权力的机关是全国人民代表大会和地方各级人民代表大会。国家行政机关、审判机关、检察机关都由人民代表大会产生，对它负责，受它监督。县级以上的地方各级人民代表大会常务委员会讨论、决定本行政区域内各方面工作的重大事项，监督本级人民政府、人民法院和人民检察院的工作。地方各级人民代表大会和地方各级人民政府组织法根据宪法的规定，对县级以上各级人民代表大会常务委员会的职权，也作了相应的具体规定。从这些规定可以看出，人大及其常委会的权力直接来自人民，它能够对国家和本行政区内的一切重大问题作出决定并监督其实施，其他国家机关接受人大监督，就是接受人民的监督；不承认或不尊重人大监督权，就是不承认或不尊重人民的政治权力；动摇了人大监督权，也就动摇了人民当家作主的地位。在国家监督机制中，人大作为国家权力机关的监督是最高层次的监督，人大的监督具有全面性、法律性、单向性、权威性的特点。

人大对行政机关的监督，实质上就是对政府行政权的制约。包括两个方面：第一，对行政权的制约。依据法律制的权力，使权力得以正确行使，受到有效的监督和制约，防止权力失控。第二，对政府各级官员的制约。用法律规范各级政府官员的行为，保证国家公职人员的清正廉洁，严惩个别腐败官吏。人大监督的具体方式，主要包括：听取和审议报告，审查行政法规、规章和规范性文件，视察，执法检查，个案监督，述职和评议，质询，撤销、罢免职务，督促办理建议、批评和意见，特定问题的调查，受理申诉、控告、检举等。

本案涉及人大监督中的质询监督方式。质询，又称为质问，是指具有质询权者对国家机关及其公职人员的某些管理行为提出质问，并要求被质询的政府或其所属部门在法定时间内正式作出答复的活动。《依法行政实施纲要》提出，人民政府应当自觉接受同级人大及其常委会的监督，向其报告工作，接受质询。根据《中华人民共和国地方各级人民代表大会和地方各级人民政府组织法》（以下简称《地方组织法》）第二十八条的规定，地方各级人民代表大会举行会议的时候，代表10人以上联名可以书面提出对本级人民政府和它所属各工作部门的质询案。质询案必须写明质询对象、质询的问题和内容。质询案由主席团决定交由受质询机关在主席团会议、大会全体会议或者有关的专门委员会会议上口头答复，或者由受质询机关书面答复。质询案以口头答复的，应当由受质询机关的负责人到会答复；质询案以书面答复的，应当由受质询机关的负责人签署，由主席团印发会议或者印发提质询案的代表。人大代表对国家机关的工作提出质询，是人民群众监督国家机关工作的一种方式，质询的内容通常是比较重大的问题。在本案中，由于水质污染危及百万人口的生活和生存状况，显然属于重大问题，25名省人大代表联名，在省人大会议上对环保局提出了质询，符合《地方组织法》的规定。省环保局对于人大代表的质询，理应认真对待，主动说明理由，对人大代表提出的问题应该及时采取补救措施，而不是消极应付。

案例分析51　县人大常委会是否有权直接撤销县政府的文件

案　例

1998年上半年，某县二中争得了全省中学生田径运动会的主办权。为营造好的外部环境，需要扩建学校门口的公路。鉴于财力有限，县政府面向全县下发文件，决定在全县集资修路，同时还要求临近二中的跃进路小学让出场地。跃进路小学师生强烈反对，上访到县人大，请求对县政府下发的红头文件进行监督。县人大常委会分管教科文卫的副主任和教科文卫工委主任经过亲临现场调查后，发现跃进路小学若出让场地，将影响到学校的教学环境，同时根据《义务教育法》的规定，对于学校场所，任何单位和个人都不得平调、侵占和上收，于是向县人大常委会主任会议做了汇报，常委会及时向县政府提出建议，建议县政府修改原有方案，不要占用跃进路小学的场地。对此建议，县政府高度重视，及时予以纠正，使问题得到妥善解决。

【解析】

本案涉及人大及其常委会对行政机关抽象行政行为的监督问题。

人大及其常委会是国家的权力机关，有权对由其产生的行政机关实行全面的、有效的监督，不仅要监督各级政府组成人员的行为，而且要监督行政机关的行政行为；不仅要监督行政机关的具体行政行为，而且更重要的是监督行政机关的抽象行政行为。根据宪法和《地方组织法》

的规定，全国人大常委会有权撤销国务院制定的同宪法、法律相抵触的行政法规、决定和命令；县级以上地方各级人大及其常委会有权撤销本级人民政府的不适当的决定和命令；乡、民族乡、镇的人大有权撤销乡、民族乡、镇的人民政府的不适当的决定和命令。通过权力机关对行政机关抽象行政行为的监督，可以保证国家法制的统一，促使行政机关依法行政。

在本案中，县政府发布的红头文件属于县政府作出的“决定和命令”，该“决定和命令”违反法律规定，侵犯了跃进路小学的合法权益，是不适当的行为，对此不适当的红头文件，县人大常委会有权直接予以撤销。当然在本案中，县人大常委会提出建议后，县政府及时作出了改正，同样也达到了纠正违法行政行为的目的。

案例分析 52　行政诉讼中，人民法院能审查并直接改变不合理的行政行为吗

案　例

张某与胡某虽同住在一个四合院内，但两人向来不和，常为一些鸡毛蒜皮的小事吵得不可开交。一天，张某无端怀疑自家的一头老黄牛是被胡某毒害致死的，因而到胡某家门前叫骂，胡某实在是忍无可忍，便从屋里出来与张某评理，随后两人发生相互斗殴事件。结果胡某的头部被张某打伤，经法医鉴定为轻微伤。某县公安局对张某作出了治安拘留 15 天的处罚决定。张某不服县公安局 15 天的拘留处罚，向市公安局提起行政复议，市公安局将拘留 15 天变更为 7 天。胡某不服市公安局的复议变更决定，认为这样处罚太轻，于是向人民法院提起行政诉讼。

【解析】

本案涉及到对于不合理的行政行为，人民法院应当如何实施监督的问题。

关于人民法院审查行政行为的标准，《行政诉讼法》第五条规定：“人民法院审理行政案件，对具体行政行为是否合法进行审查。”也就是说，合法性审查是人民法院审理行政案件的标准。所以，对合法但不当的行政行为，人民法院一般不作审查。但是，当行政机关的某些具体行政行为不合理明显有失公正的时候，人民法院应当对其进行审查并直接予以改变。

《行政诉讼法》第五十四条第四款规定："行政处罚显失公正的，可以判决变更。"也就是说，人民法院有权审查并予以变更的不当行政行为仅限于显失公正的行政处罚，没有显失公正的行政处罚既不能审查，也不能变更。针对滥用自由裁量权而导致显失公正的行政处罚行为，人民法院可以判决直接变更，原因在于，滥用自由裁量权而导致显失公正的行政行为已不属于一般的行政不当，而是严重的行政不合理行为。但是一般来说，行政诉讼中人民法院对具体行政行为的审查还是以合法性作为审查标准。

《行政诉讼法》规定法院一般只对行政行为的合法性进行审查，主要是考虑了以下几个因素：第一，法院和行政机关的职权有分工，各自的职权不能相互代替，如果允许法院变更行政行为，等于允许其代行行政机关的职权。人民法院行使司法权，行政机关行使行政权，尽管司法权可以监督行政权，但不能完全代替行政权。司法权与行政权之间的分工与不同，决定了人民法院不能像上一级行政机关那样进行广泛的监督。行政诉讼对行政行为的监督是一种有限的监督。第二，行政事务具有专业性和技术性强的特点，不熟悉行政业务的法官很难准确变更行政行为。俗话说得好，隔行如隔山，不同行业有其自身专门化的知识和技术，这些专门知识和专业技术划定了不同行业之间的界限。人民法院的法官与行政机关的工作人员各自有其专门的知识和技术，比如法官比较精通审判，行政机关工作人员比较善于事实认定和政策判断。既然人民法院的法官对大量行政专业性问题可能无法作出准确的判断，那么人民法院可能也就无法准确判断一个行政行为是否合理。然而，对于一名法官而言，判断一个行政行为是否合法，比起判断一个行政行为是否合理之类的问题要容易得多，所以人民法院有能力也应当有权审查行政行为是否违法。

案例分析 53　县监察局是否有权对张某的违纪行为进行调查处理

案　例

张某是某县政府办公室主任。2010 年 8 月，根据县政府安排，张某到某乡镇组织防汛。防汛结束报销差旅费时，张某以司机李某的名义多填报了出差补助费 30 元。张某与另一司机陈某在该镇一个旅社住宿时，陈某向该旅社要了一张空白收据，采取加大住宿金额的办法，将当时住宿收费标准每床每天 15 元，填写为 30 元，每床每天多填 15 元，两人住宿 30 天共多填报 900

元。张某在该镇麻厂招待所住宿1天，当时收费标准是每床12元，张某将住宿天数由1天改为29天，12元标准改为25元，多报销了713元。张某3次共多报销住勤补助费1643元。1999年2月到8月，张某先后模仿县政府办公室副主任、财务处长、经办人等4人笔迹，以签批和签字等手段，骗过财务监督，将自己购买的折椅、茶几、油漆等家庭生活用品票据18张报销，共计335元，张将此款据为己有。事后，有群众向县监察局写信举报了张的问题。县监察局经调取有关账目，并询问有关当事人，最后认定，张某作为国家公务员，利用职务便利，故意采取涂改票据、弄虚作假等手段侵吞公款，非法占有公共财物，其行为已构成贪污，违反了《中华人民共和国公务员法》的规定，遂向县政府发出监察建议书，建议县政府追究张某的违纪责任。

【解析】

本案涉及行政监察机关的监督问题。

行政监察是指国家各级行政监察机关依法对国家行政机关、国家公务员和国家行政机关任命的其他人员执行国家行政法律、法规、政策和决定、命令的情况进行监督，并对违法、违纪行为予以查处的专门性监督活动。行政监察的目的，是为了保证政令畅通，维护行政纪律，促进廉政建设，改善行政管理，提高行政效能。行政监察机关是人民政府中专门行使监察职能的行政机关，行政监察对象包括国家行政机关，国家公务员和国家行政机关任命的其他人员。国家行政机关任命的其他人员，是指企业、事业单位中由国家行政机关任命的人员及其他经国家行政机关以委任、派遣、聘任等形式批准从事公务的人员等。监察机关依法行使职权，不受其他行政部门、社会团体和个人的干涉。

根据《行政监察法》的规定，监察机关的职责包括：检查国家行政机关在遵守和执行法律、法规和人民政府的决定、命令中的问题；受理对国家行政机关及其公务员和国家行政机关任命的其他人员违反行政纪律行为的控告、检举；调查处理国家行政机关及其公务员和国家行政机关任命的其他人员违反行政纪律的行为；受理国家行政机关公务员和国家行政机关任命的其他人员不服主管行政机关给予处分决定的申诉，以及法律、行政法规规定的其他由监察机关受理的申诉；法律、行政法规规定由监察机关履行的其他职责。监察机关按照国务院的规定，组织协调、检查指导政务公开工作和纠正损害群众利益的不正之风工作。

监察机关根据检查、调查的结果，可以对被监察对象作出监察决定，或向有关机关提出监察建议。对于监察机关依法作出的监察决定，有关部门和人员应当执行；对于监察机关依法提出的监察建议，有关部门无正当理由拒绝的，应当采纳。

《依法行政实施纲要》提出，各级行政机关要自觉接受监察机关的监督决定，拒不履行监督决定的，要依法追究有关机关和责任人员的法律责任，监察机关要切实履行职责，依法独立开展专门监督。《行政监察法》第六条规定："监察工作应当依靠群众。监察机关建立举报制度，公民对于任何国家行政机关、国家公务员和国家行政机关任命的其他人员的违法失职行为，有权向监察机关提出控告或者检举。"而受理对违反行政纪律行为的控告、检举是监察机关的法定职责之一。

本案中，对张某的监察源于群众的举报，县监察局受理本案正是其职责所在，并且，县监察局受理案件后对张某的违纪行为进行调查处理也属于其法定职责。《行政监察法》第二十四条规定，监察机关根据检查、调查结果，对于违反行政纪律，依法应当给予警告、记过、记大过、降级、撤职、开除行政处分的，可以作出监察决定或者提出监察建议，但应当按照国家有关人事管理权限和处理程序的规定办理。张某的行为显然构成应该受到行政处分的违纪行为，对张某作出行政处分应该由对其有人事管理权限的机关来实施，故县监察局向县政府发出监察建议书，建议县政府追究张某违纪责任的做法是正确的。